성공하는 리더의 **비밀**

생각과 태도의 한 끗 차이

김형철 지음

맑은샘

2008년 가을이 막 들어서려는 늦여름!

아직 한낮의 열기는 등줄기를 땀으로 흥건하게 적시고 있지만 아침저녁으로는 서늘함을 느끼기에 충분한, 딱 좋은 계절의 길목에 은영(가명) 자매가 전화를 해왔습니다.

"멘토님! 저 오늘부로 잘렸습니다. 어떻게 하지요?"

전화기 너머로 침이 꼴깍하고 넘어가는 소리가 선명하게 들리고 살짝 떨리는 음성으로 인해 입술이 말라가고 있음을 직감적으로 느낄 수 있었습니다.

저도 갑자기 숨이 턱 막히고 뭐라 말을 할지 막막했습니다.

결혼까지 미루고 젊음을 바쳐가며 충성을 다했던 대기업의 홍보담당 중견간부 은영 자매는 개인 생활과 신앙생활도 반듯하여 자신의 주변과 교회에서도 칭찬을 받으며 선망의 대상이 되던 자매였습니다.

그렇게 저는 전혀 계획에 없던 한 통의 전화를 시작으로 12년이 넘게 소위 멘토라고 불리며 앞길을 찾지 못한 채 희망과 소망이 없이 살아가는 절망적인 그들의 아픔을 듣고, 달래고, 방향을 제시하며 지내왔습니다.

은영 자매와 같은 케이스뿐만 아니라, 경단녀 연화(가명) 씨, 대기업에서 전혀 명예롭지 못하게 명퇴라는 이름으로 쫓겨난 현석(가명) 씨, 후배들의 따가운 눈초리를 애써 참으며 정년까지 버티다가 퇴직을 하였지만 앞으로 살아가야 할 길이 막막한 은퇴자까지 참으로 많은 사람들의 이야기를 들으며 함께 기도하며 위로하고 격려하며 지내왔습니다.

저 역시 41세의 젊은 나이에 대기업 해외법인대표가 되는 등 남부럽지 않은 성공적인 삶을 살기도 했고, 대기업을 나와 새로운 인생을 설계하며 마주치는 현실 앞에 숱하게 좌절하며 힘들게 지냈던 경험들을 바탕으로 성심껏 멘토링을 하였습니다.

그러나 멘토링을 하고 함께 기도하고 파이팅을 외칠 때는 용기가 나고 무언가 될 것 같아 힘을 내 보지만, 뒤돌아서면 무엇을 해도 삶은 개선되지 않고 계획한 일들은 높고 큰 현실의 벽 앞에 초라하게 무너지곤 하는 멘티들을 바라보며 저 역시 힘든 시간을 보낼 수밖에 없었습니다.

성공이라는 말은 늘 다른 누군가에게나 어울리지 저의 멘티나 저와는 관계가 없는 말이라는 생각이 들기도 하였습니다. 그때 그렇게 하지 말고 이런 식으로 했더라면 나와 저들의 인생이 더 좋게 바뀌어 있었을 텐데 하며 지난날을 후회하며 스스로를 원망하기도 하였습니다.

모든 것이 혼란스럽고 뒤죽박죽이고 엉망진창이었습니다.
어떻게 하면 저들도 살아나고 나도 더 나은 삶을 살 수 있을까?

그래서 다시 책을 꺼내 들기 시작하였습니다. 책뿐만 아니라 TV나 유튜브 그리고 각종 SNS 및 교육 프로그램 등을 통해 어떻게 하면 성공하는 삶을 살 수 있는지 이론이 아닌 실제적으로 삶에 적용할 수 있는 성공의 사례들을 연구하기 시작하였습니다.

그리고 배우고 연구한 내용을 저와 멘티들의 삶에 직접 적용하여 보았습니다. 그러면서 깨우치기 시작하였습니다.

그들의 공통된 어려움은 자신이 어떤 위치에 있고 무엇을 잘하고 잘하지 못하는지 모른다는 것이었습니다. 그러다 보니 잘나갈 때는 왜 성공했는지를 몰라 그 성공을 더 강화하고 확대하지 못했습니다. 그뿐만 아니라 더더욱 심각한 것은 좌절할 때 그 실패 요인이 무엇인지 몰라 매번 비슷한 실패를 반복하고 있다는 점이었습니다.

그래서 그들을 살리는 길은 성공하는 리더들의 생각과 태도의 비밀을 알려주고 그 차이가 한 끗밖에 되지 않으므로 그들도 충분히 성공할 수 있음을 알려주는 것이라 생각하게 되었습니다.

성공하는 리더들은 어떻게 성공하고 그 성공 요인을 어떻게 강화하고 확대 발전시켰으며, 그들이 좌절하고 힘들었을 때 어떻게 그 어려움에서 빠져나와 다시 성공의 길로 들어서게 되었는지를 정리하여 제 삶과 멘토링하는 멘티들에게 적용하여 보았습니다.

그러자 좌절감에 사로잡혀 방 한구석에 틀어박혀 힘들어하던 현석 씨의 삶이 바뀌기 시작했고 많은 멘티들의 삶이 변화되는 것을 알 수 있었습니다.

그리고 그 연구하고 학습하며 적용한 내용들을 더 많은 사람들에게 나누어 주고자 한동안 사용하지 않던 페이스북을 통해 제 글과 사례들을 포스팅하였습니다.

그런데 이번에도 제가 전혀 생각하지 못했던 일들이 벌어지기 시작하였습니다.

오래전 제가 페이스북에 글을 올리면 많아야 10명 내외의 사람들이 '좋아요'를 누르고, 댓글을 달아 주는 사람도 서너 명 수준이었는데 이번에는 저와 친분이 없는 사람들까지 '좋아요'를 눌러 주고 댓글을 달고 친구 신청을 하는 것이었습니다.

처음 글을 올리자 '좋아요'를 눌러준 사람의 수가 50명을 넘어서더니 한 달이 지나자 200명이 '좋아요'를 눌러 주고 급기야 500명 이상, 많은 경우에는 1천 명 이상의 사람들이 '좋아요'를 누르며 저를 격려하고 제 글에 긍정적으로 반응을 하는 상황이 일어난 것입니다.

댓글도 폭발적으로 늘어 거의 매번 100여 개 이상의 댓글이 달리고 때로는 500개 이상의 댓글도 달렸으며 제 글을 공유를 하는 사람들도 폭발적으로 늘어나기 시작하였습니다.

더 놀라운 것은 페이스북에 다시 포스팅을 시작한 지 채 두 달이 지나지 않아 저의 페이스북 친구의 숫자가 4백 명에서 4천 명으로 늘어났고 팔로워의 숫자도 1천 명이 넘게 되었습니다. 그리고 늘어난 페이스북 친구들 대부분은 저와 전혀 일면식도 없었던 완전 초면인 사람들이었습니다.

페이스북에 글을 올린 지 6개월 정도 지나자 많은 페이스북 친구들이 글들을 모아 출판을 하라고 격려해 주셔서, 저의 글들이 멘티들뿐만 아니라 다른 사람들에게 좋은 영향을 미쳤다면 더 많은 사람들에게 저의 이야기를 나누는 것도 의미가 있겠다 싶어 오랜 준비 끝에 출판을 하기로 결심하였습니다.

글을 새롭게 다듬고 더 현실에 와닿도록 많은 내용을 고쳐 쓰기를 반복하며 책의 완성도를 높여 갔습니다.

만일 여러분이 어둡고 힘든 인생 여정의 기간에 있다면 이 책을 꼼꼼히 읽어 보시기 바랍니다. 그 어둠에서 나와 어떻게 성공하는지 그 성공의 비밀을 발견하게 될 것입니다.

이제는 무엇인가 새로운 돌파구가 필요한 때라고 생각이 든다면 이 책이 큰 도움이 될 것이라고 자신합니다. 왜냐하면 이 책을 통해 성공하는 사람들의 태도의 차이를 알게 될 것이기 때문입니다.

고난의 기간이 아니더라도 새로운 성공의 지혜를 얻고 싶다면 이 책을 성공의 지침서로 활용할 수 있습니다. 이 책은 성공하는 사람들이 우리와 어떻게 다른 생각을 하는지 그 차이를 분명하게 알려주기 때문입니다.

그리고 이 책은 저의 수많은 멘티들에게 성공적으로 적용이 되었고, 페이스북을 통해서도 많은 독자들이 읽어 보며 공감하고 감동하고 격려를 받은 글들을 모아 놓은 책이기 때문에 어느 누가 읽더라도 좋은 영감을 줄 것이라고 확신합니다.

이 책을 통해 여러분들이 인생의 새로운 소망을 찾고 성공의 길로 들어서는 축복이 넘치기를 기대합니다. 그리고 저는 여러분이 그 성공을 충분히 이루어 낼 수 있다고 확신합니다.

왜냐하면 삶이 뒤죽박죽이고 엉망진창인 사람들과 성공한 리더들의 생각과 태도의 차이는 한 끗에 불과하기 때문입니다.

특별히 앞에서 이야기한 현석 씨를 떠올리며 이 책을 쓰기 시작했습니다. 소망이 없던 현석 씨가 생각과 태도를 한 끗 바꾸어 재기하였듯이 제가 더 많은 사람들에게 소망을 주는 사람이 되기를 소망합니다.

부디 이 책을 통해 여러분들이 그 한 끗의 차이를 발견하고 그 간극을 넘어 성공의 삶으로 들어가시기를 간절히 기대하며 축복합니다.

감사합니다.

2021년 6월
잔잔히 물결치는 기흥호수가 눈앞에 바라보이는
다니엘의 비밀서재(다비재)에서
성장과 가치를 추구하는 큐레이터 김형철 올림.

목차

Ⅰ 성공하는 리더의 한 끗 차이 – 리더의 비밀 틀여다보기

Ⅱ 성공하는 리더의 한 끗 차이 - 리더의 태도 발견하기

Ⅲ 성공하는 리더의 한 끗 차이 - 리더의 생각 따라 하기

I

《 성공하는 리더의 한 끗 차이 》

리더의 비밀
들여다보기

성공하는 리더가 사랑하는
골든 서클의 비밀

1

여러분은 지금 무엇(what)을 하고 있습니까?

어떤 사람은 가족들을 위해 저녁 식사 준비를 하고 있을지도 모르고, 어떤 사람들은 직장에서 열심히 일을 하거나 혹은 사랑하는 사람과 함께 깊은 사랑에 빠져 지내고 있을지도 모릅니다. 그리고 어떤 사람들은 미래의 자신을 위해 자기 계발을 하느라 공부에 여념이 없을지도 또는 친구들과 함께 편안한 마음으로 대화를 하며 추억을 만들어 내고 있을지도 모릅니다.

우리는 늘 무엇(what)인가를 계속 찾아 하고 있습니다. 일을 하거나 공부를 하거나 때로는 놀기도 하면서 말입니다. 각자의 상황과 본분에 맞게 무엇(what)인가를 열심히 하고 있습니다. 많은 사람들이 이 무엇(what)을 하느냐는 질문에는 쉽게 대답을 합니다.

그렇다면 여러분은 그 일들을 지금 어떻게(how) 하고 있습니까?

당당하게 열심히 지혜롭게 일을 하고 있다고 말하는 사람도 있을 것이고, 좀 더 구체적인 실행 계획을 제시하며 자신 있게 어떻게(how) 하고 있다고 대답하는 사람도 있을 겁니다. 몇몇 사람은 실행 전략이 무엇인지를 자랑스럽게 말하기도 할 것입니다. 하지만 몇몇은 이 질문에 대해 자신 있게 대답을 하지 못하는 사람도 있을 것입니다.

그렇다면 여러분은 지금 그 일을 왜(why) 하고 있습니까?

지금 여러분의 머릿속에 떠오르는 단편적인 생각을 묻고 있는 것이 아닙니다. 여러분이 지금 하고 있는 일에 대한 여러분의 신념과 철학을 묻고 있는 것입니다. 여러분의 가치관을 묻고 있는 것입니다.

여러분은 어떤 신념으로 그 일을 하고 있습니까?
여러분은 지금 어떠한 가치관을 가지고 그 일을 하고 있습니까?
여러분이 하는 그 일을 처리하는 방식에는 여러분만의 철학과 신념이 녹아들어 가 있습니까?

아마도 많은 사람들이 이 질문에 선뜻 나서며 자신 있게 대답하지 못할 것입니다.

만일 여러분이 그 신념과 철학에 대해 망설임 없이 대답하지 못한다면 아마도 여러분은 지금 하고 있는 그 무엇(what) 자체에 의미를 두고 있거나 혹은 그 방법(how)에 몰입되었거나 아니면 철학과 신념 등 이유(why)의 중요성을 모르거나 습관적으로 그 중요성을 망각했을 수 있을 것입니다.

이것이 바로 성공한 리더들과 우리들과의 차이입니다.

리더십 전문가이자 작가인 사이먼 사이넥(Simon Sinek)은 성공한 리더들을 연구해 그들에게 숨겨져 있는 위대한 사실을 발견하였습니다.

그것은 바로 골든 서클입니다.

우리와 같은 보통 사람들은 what-how-why의 순서로 생각합니다.
우리는 무엇(what)을 어떻게(how) 하는지는 매번 고려하며 잘하기 위해 노력하고 있지만 우리 대부분은 그 일을 왜(why) 하는지 생각하지 않거나 잘 모르는 경우가 많이 있습니다.

하지만 리더들을 성공시키는 골든 서클의 비밀은 이 왜(why)에 숨어 있습니다.

블루보틀의 설립자 제임스 프리먼은 해마다 10만km씩 순회공연을 다니던 클라리넷 연주자였습니다. 그는 해외 공연을 가는 비행기 안에서도 드립 커피를 만들어 먹을 정도로 커피광이었다고 합니다. 클라리넷 연주와 오케스트라 공연에 싫증을 느낀 그는 교향악단을 그만두고 커피 사업에 뛰어들었고 그가 뛰어든 이유(why)를 다음과 같이 말하였습니다.

"와이파이는 사람의 주의를 분산시킵니다. 우리는 고객들이 커피, 그리고 함께하는 사람에게 집중할 수 있도록 무엇을 더하기보다는 무엇을 뺄 수 있을지 늘 고민합니다. 우리가 생각하는 휴대폰은 어른용 고무 젖꼭지입니다. '휴대폰만 들여다보며 의미 없이 6시간을 앉아있는 것보다 단 20분이라도 좋은 커피와 정말 멋지게 보내는 게 낫다.'라는 것이 우리의 신념이고 철학입니다. 15살 큰 아이를 포함해 저의 세 아이와 우리 부부 모두 식사 테이블에서는 휴대폰 금지입니다."

모든 카페가 질 좋은 커피(what)에 집중할 때 전 세계에 2만 8천개의 매장을 가진 스타벅스를 전 세계 매장 68개로 긴장시킨 블루보틀의 저력은 그들만의 독특한 신념(why)에서 나온 것이었습니다.

애플은 다른 컴퓨터 회사나 스마트폰 회사와 크게 다르지 않은 회사입니다. 아니 오히려 애플은 삼성과 같은 회사가 가지고 있는 스마트폰과 컴퓨터의 제조 기술을 전혀 가지고 있지 않은 열등한 회사일 수 있습니다.

하지만 왜 많은 사람들이 애플의 컴퓨터나 스마트폰을 사기 위해 오랜 시간 줄을 서 있을까요?

애플이 아닌 다른 회사들은 이렇게 말합니다.
1) 우리는 컴퓨터와 스마트폰을 만듭니다.(what)
2) 우리의 컴퓨터와 스마트폰은 성능과 디자인이 뛰어납니다.(how)
3) 그러니 우리 컴퓨터와 스마트폰을 사십시오!

대부분의 회사는 자신들이 하는 무엇(what)에 중점을 두고 거기서부터 이유(why)를 도출해 나갑니다.

하지만 애플은 이렇게 말합니다.
1) 우리가 하는 모든 것은 세상을 변화시킬 것입니다.(애플의 존재 이유: why)
2) 우리는 그 목표를 이루기 위해 모든 제품의 성능과 디자인을 남다르고 뛰어나게 합니다.(애플의 일하는 방식: how)

3) 그 결과 우리는 완벽한 컴퓨터를 만들었습니다. (애플의 제품: what)

애플은 다릅니다. 원론적인 철학과 신념 그리고 가치관인 이유 (why)가 먼저 있고 그 이유(why)에 입각해 무엇(what)과 방법(how)을 이야기합니다.

그래서 사람들은 컴퓨터 회사인 애플이 무엇(what)을 만들든(스마트폰을 만들든 MP3플레이어를 만들든) 애플이 만들기 때문(why)에 삽니다.

기업뿐만 아니라 모든 분야에서 뛰어난 리더들은 왜(why)부터 이야기합니다.

정말로 사람들을 움직이는 것은 무엇(what)이나 어떻게(how)가 아니라 우리가 믿는 신념(why)입니다. 절대적으로 중요한 것은 자신이 그 일을 왜(why) 하고 있는지 알아야 한다는 것입니다. 그 왜(why)에 대답을 못 하는 사람은 오래갈 수 없습니다.

이것이 성공하는 리더의 첫 번째 한 끗 차이의 비밀입니다.

그럼 다시 한번 묻겠습니다.

당신은 지금 그 일을 왜(why) 하고 있습니까?

2

아무것도 하지 않으면
아무 일도 벌어지지 않습니다

여러분은 가치 있는 사람이라고 생각하십니까?

여러분들 중에 성공하고 싶지 않은 사람이 있습니까?

여러분들 중에 돈이 필요하지 않은 사람이 있습니까?

많은 사람들이 자신의 가치를 모르고 있습니다.

아니 본인은 아예 가치가 없는 사람이라고 이야기하는 사람들도 많이 있습니다.

그래서 저는 우리는 모두 가치 있는 사람이라는 것을 계속 이야기하고 다니고 있습니다. 이야기하는 것에서 그치지 않고 그 가치를 발견해 주고 발견한 가치를 강화시켜 성공적인 삶을 넘어 승리자의 삶을 살아가도록 함께 노력하고 있습니다.

여러분은 돈이 무엇이라고 생각하십니까? 삶에 있어 돈은 절대적으로 필요한 수단입니다. 그리고 성공하는 방법과 돈을 버는 방법은 수없이 많이 있습니다.

그러나 우리가 착각하고 오해하며 잘못 알고 있는 것이 하나 있습니다. 그것은 바로 성공하는 방법과 돈을 버는 최선의 방법은 절대 존재하지 않는다는 것입니다.

중고등학교 때 영어 시간을 떠올려 보십시오. 영어를 배우는 데 왕도가 없듯 세상의 모든 일에 왕도는 없습니다. 성공하고 돈을 버는 방법도 마찬가지입니다.

그러나 한 가지 확실한 것은 아무것도 하지 않으면 성공도 할 수 없고 돈도 벌 수 없다는 사실입니다. 성공을 하지 못하고 돈을 벌지 못하는 이유는 성공하는 일, 돈이 되는 일을 하지 않기 때문입니다.

성공하고 싶다면 일단 할 수 있는 일부터 시작해야 합니다. 왕도를 찾지 말고 할 수 있는 일부터 하시기 바랍니다. 아무것도 하지 않으면 아무 일도 일어나지 않습니다. 일단 일을 시작하십시오.

우리가 할 수 있는 일은 우리가 생각하는 것보다 훨씬 많이 우리 앞에 존재하고 있습니다. 다만 이모조모 따지고 심사숙고한다고 애쓰다 흘려버리고 넘겨버린 일이 얼마나 많은지 스스로 생각해 보시기 바랍니다.

여러분이 쓸 수 있는 최소한의 비용으로 일을 시작해 보십시오. 남들과 절대로 비교하지 마십시오. 남들과 비교해 보고 그들보다 최소 비용으로 더 잘해보려 하니 답이 안 나옵니다. 일단 우리가 쓸 수 있는 최소 비용으로 일을 시작해 보는 것입니다. 우리가 할 수 있는 노력으로, 우리가 할 수 있는 능력으로 해 보는 것입니다.

남들보다 잘하려 노력하지 마십시오.
내가 할 수 있는 최선을 찾아 일단 일을 시작해 보십시오.
그리고 멈추지 말고 도전하십시오.

계속적으로 자신의 최소 비용으로 할 수 있는 일을 찾아보고 자신의 노력과 능력에 맞는 일을 찾아 실행해 보는 여정을 떠나 보는 것입니다.

앞에 나타난 10개의 가능성 중에 눈에 띄는 한 개의 가능성이 있다면 그 한 개를 붙잡고 시작해 보는 것입니다. 그 한 개를 키우고 강화시켜 다시 도전하고 또 도전해 보는 것입니다.

일이 잘못된다고 낙담할 필요 없습니다.

일이 잘못된다면 잘못된 이유를 파악하고 그것을 수정하여 다시 도전하십시오.

아무것도 하지 않는 사람에게는 기적이 나타나지 않습니다.

앉은뱅이에게 일어나 걸으라고 말씀하시는 예수님 앞에서 "나는 할 수 없어요." 하며 계속 앉아 있는 사람에게는 기적이 나타날 수가 없습니다. 일어나다가 넘어져도 일어나려고 노력하고 도전하는 사람에게 기적이 나타나는 것입니다.

그리고 그 기적의 주인공이 되기 위해서는 도전할 수 있는 일을 가급적 잘게 쪼개서 자주 도전하고 많이 도전하는 게 좋습니다. 그렇게 기적과 만나는 기회를 더 많이 늘려 나가야 합니다. 기적을 체험할 접점을 하나라도 더 만들어 나가십시오. 기적의 교두보를 만들어 나가십시오.

수직 암벽을 오르는 유일한 길은 수직 암벽에 손끝이 들어갈 만큼의 교두보를 하나씩 만들어 나가는 것입니다. 그 교두보가 쌓여 정상으로 올라갈 수 있게 되는 것입니다. 작다고 무시하지 말고 계속적으로 교두보를 만들어 나가십시오.

지금 내가 할 수 있는 가장 최소한의 투자, 능력, 시간을 잘 생각해 보고 실행에 옮겨 작은 교두보를 만들어 나가기 바랍니다. 이런 절망적인 시점에 "내가 할 수 있는 일은 아무것도 없다."라고 좌절하지 마시고 작은 도전부터 시작하기 바랍니다.

앞에서도 말씀드렸지만 우리가 할 수 있는 일은 생각보다 많이 있습니다. 이렇게 어려운 시기일수록 도전할 수 있는 기회는 더 많이 존재하고 있습니다. 따라서 어둡고 힘든 시기가 기적을 체험할 가장 좋은 기회임을 깨닫는 역설을 힘입어 일어나 도전하기를 바랍니다.

이것이 성공하는 리더의 두 번째 한 끗 차이의 비밀입니다.
제가 다시 격려합니다. 여러분이 할 수 있는 최선을 찾아 일단 일을 시작해 보십시오.

틀릴 때도 있겠지만
주저하지 마시기 바랍니다

3

한 비누 공장에서 어찌 된 일인지 비누 박스에 비누가 채워지지 않은 채 유통되는 일이 발생하였습니다. 부랴부랴 유능한 직원들로 구성된 원인 조사 팀을 꾸려 사태 파악에 나섰습니다.

조사 결과 비누를 박스에 담는 장치에 결함이 있어 비누가 채워지지 않은 상태로 빈 박스로 유통되고 있다는 사실을 알게 되었습니다. 그리고 그 해결책으로 고가의 검색 장비를 구매하여 박스에 비누가 채워졌는지 자동으로 검색하고 빈 박스를 걸러 내는 것이 최선의 방법이라고 제시하였습니다.

그러나 새로 도입한 스캐닝 장비가 계속 오류를 내고 이 장비가 자리를 잡는 동안 빈 박스로 유통되는 비누는 계속 늘어만 가고 있었습니다. 소비자와 유통상의 비난이 빗발치고 매출은 급감하고 기업의 신뢰도는 떨어질 대로 떨어지고 말았습니다.

이때 생산 라인에 있던 근로자 한 명이 대형 선풍기를 들고 나타나 선풍기를 조립라인 앞에 틀어 놓았습니다. 그러자 비누가 채워지지 않은 빈 박스는 선풍기 바람에 날아가 버리고 비누가 채워진 박스만 유통할 수 있게 되었습니다.

어렵고 복잡한 문제 앞에서 새로운 아이디어나 혁신적인 문제 해결 방법을 찾는다는 것은 쉽지 않은 일입니다. 그래서 유능한 사람들을 골라 그 일의 해결책을 찾도록 합니다. 그리고 그들은 문제 깊숙이 들어가 문제의 본질을 찾기 위해 노력하고 해법을 내놓지만 그 해법이 또 다른 문제를 만들어 내는 경우도 많이 보게 됩니다.

문제의 해법을 찾는 방법 중의 하나는 문제에 대한 질문을 바꾸어 보는 것입니다.

'박스에 왜 비누가 채워지지 않을까?'라는 질문에서 '빈 박스를 유통시키지 않으려면 어떻게 하면 될까?'라고 질문을 바꾸어 보면 선풍기와 같은 손쉬운 해결책이 나타날 수도 있습니다.

마차가 대중적인 이동 수단이던 시절 대부분의 마차 산업 종사자들은 '더 좋은 마차를 만들 수는 없을까?'라는 질문에 집중했습니다. 그러나 마차 산업과 관계없는 사람들은 '마차보다 더 좋은 이동 수단은 없을까?'라는 의심을 하기 시작하였습니다.

그 결과 많은 사람들이 마차의 바퀴 저항 줄이기 등과 같은 성능 좋은 마차 품질 개량에 집중하고 있었습니다. 그런데 그때 한 사람은 말이 없이 자동으로 가는 이동 수단을 만들어 마차를 없애 버렸습니다. 그가 바로 헨리 포드로 자동차를 대중화한 장본인이었습니다.

그런데 품질 좋고 싼 자동차의 대량 생산을 위해 규격과 색상 등 모든 것을 표준화한 포드 자동차에 대해 또 다른 새로운 질문을 하기 시작한 사람이 있었습니다.

'옷도 나의 몸에 맞는 것이 있는데 나에게 어울리는 자동차는 왜 없지? 모두가 똑같은 모양의 자동차를 타야 한다고? 왜 자동차는 모두 검은색 일변도여만 할까?'

그 의문에 대한 대답으로 각자의 개성에 맞게 다양한 모양의 자동차를 만들고 색을 입혀 이전에 없던 전혀 새로운 자동차를 출시한 곳이 GM입니다. 그리고 GM은 포드를 제치고 자동차 업계의 1위가 되었습니다.

대부분의 사람들은 문제를 마주하게 되면 문제를 한 번에 멋지게 해결할 수 있는 창의적인 답을 만들려 노력합니다. 하지만 창의적인 사람들은 답을 찾기 이전에 문제 자체를 다양한 표현법으로 바꾸어 봅니다. 좋은 답을 내기 전에 좋은 질문을 찾아내는 것이 더 중요하기 때문이지요. 그리고 그 창의적인 질문을 만들어 내는 곳은 바로 일이 벌어진 현장이라는 사실을 잊지 말아야 합니다.

많은 사람들이 상황이 여의치 않아 장사도 안되고 사업도 안된다고 아우성입니다. 또 똑같은 제품을 함께 판매하는 대리점이고 프랜차이즈 사업이라 남들과 다른 새로울 것 없는 상황에서 뾰족한 자신만의 대책이 없다고 눈 빠지게 손님만 기다리고 있습니다.

이럴 때 밥 루츠 전 GM 부회장이 한 말을 기억할 필요가 있습니다.
"Often wrong, Seldom in doubt!(틀릴 때도 있지만 주저하지 않는다!)"

문제가 있고 대책이 없는 상황이라면 틀릴 수도 있지만 무언가 하시기 바랍니다. 그리고 그 방법이 틀렸다면 틀린 원인을 1개라도 파악하고 그것을 고쳐 다시 해 보시기 바랍니다. 그리고 또 고치기를 반복하십시오.

처음부터 정답이 나오지 않습니다. 낙담하지 않고 끝까지 성공할 때까지 하는 사람이 성공하고 승리자가 됩니다.

우리는 수능을 위한 정답 찾기 교육에 익숙해서 항상 단번에 정답을 찾으려 하지만 현실에 그런 정답은 없습니다. 다만 차근차근 문제 해결을 위한 해법을 찾아가면 됩니다. 그것이 현대사회가 요구하는 문제해결형 인재인 것입니다. 정답이 없는 현재와 같은 상황에서 정답을 찾을 때까지 기다리다가는 모두가 공멸하고 말 것입니다. 틀릴 때도 있겠지만 주저하지 말고 실행하시기 바랍니다.

성경에서 아브라함도 대책이 없는 문제 앞에 이삭을 제단에 바치는 행함으로 위기를 돌파하였습니다. 지금은 틀림없는 정답을 찾으려 애쓰고 노력할 때가 아니라 주저하지 말고 행동할 때임을 깨우치기를 소망합니다.

이것이 성공하는 리더의 세 번째 한 끗 차이의 비밀입니다.
틀릴 때도 있지만 주저하지 않는 리더의 성공 비밀을 깨우치기 바랍니다.

성공하는 리더의
실패 다루기

4

대부분 판매원들이 불황이라 상품을 팔기 어렵다고 울상인 점포에서 밝은 표정으로 열심히 일하고 있는 유별난 판매원이 있었습니다. 그는 손님이 상품을 구매하기를 거절해도 낙담하지 않았습니다. 아니 거절을 당하면 당할수록 오히려 더 기뻐했습니다.

이를 이상하게 여긴 동료 판매원이 물었습니다.
"너는 계속 거절을 당하는데도 웃으며 즐겁게 일하기만 하고 있으니 뭐가 좀 잘못된 것 아니니?"

동료의 이런 물음에 그는 이렇게 대답했습니다.
"내가 물건을 판매한 기록을 자세히 살펴보니 거절을 많이 당할수록 물건을 팔 확률이 높아지더라고. 나의 영업 기록을 살펴보고 평균을 내보니 10명의 손님이 구매를 거절하면 열한 번째 손님은 물건을 사가는 경우가 많이 있었어. 그래서 나는 매번 거절당할 때마다 이렇게 생각했지. '이제 아홉 번만 거절당하면 되겠구나.' 그리고 그 다음에는 '이제 여덟 번만 거절당하면 되겠구나.' 하고 말이야. 성공할 가능성이 점점 다가오는데 내가 왜 거절당했다고 마음이 상하겠니? 오히려 신나는 일이지!"

여러분은 실패를 무엇이라 생각하십니까?
여러분만의 실패의 정의가 무엇인지 묻고 있는 것입니다.

실패라는 단어를 들으시면 여러분에게는 어떤 이미지가 떠오르시나요? 실패의 뜻을 사전에서 찾아보면 "실패[명사]: 일을 잘못하여 뜻한 대로 되지 않거나 그르침"이라고 적혀있습니다.

다시 묻겠습니다. 여러분이 생각하는 실패는 무엇입니까?

해보고 싶기는 한데….
또 망할까 봐….
이런 상황에서는 가만히 있는 게 상책일지 몰라….
했다가 실패하면 어떻게 하지….
괜히 시도했다가 피해만 볼 수 있어.
아니 망신만 당하고 말 거야….

관두자.

많은 사람들이 실패는 돌이킬 수 없는 타격을 주는 나쁜 것이라고 생각하고 있습니다. 혹시 여러분도 실패는 끝이라고 생각하고 있나요? 만약 그렇다면 들려주고 싶은 이야기가 하나 있습니다.

미국 샌프란시스코의 실리콘 밸리는 기술 혁신의 상징이자 벤처기업의 성공무대로 잘 알려져 있습니다. 많은 벤처 창업가들이 이곳에서 투자를 받고 싶어합니다. 이 실리콘 밸리는 1인당 특허 수 및 모험 자본 투자 등이 미국에서 최고 수준일 뿐만 아니라 전 세계 창업자라면 누구나 함께 일하고 싶어하는 곳이기도 합니다.

실리콘 밸리가 속한 미국 캘리포니아 주의 총생산은 이탈리아 총생산과 맞먹을 만큼 규모가 크고 실리콘 밸리는 성공의 메카처럼 보이고 있습니다. 하지만 이것은 겉으로 보이는 모습일 뿐입니다.

실리콘 밸리의 뒷면을 들여다보면 실리콘 밸리는 성공의 메카가 아니라 사실 실패의 메카입니다. 표면적으로 보이는 화려한 성공 뒤에 수많은 실패들이 존재한다는 것을 알고 계십니까?

실리콘 밸리에서 벤처 투자를 받은 기업이 실패해서 망할 확률은 75%나 됩니다. 지난 6년간 2,000여 기업이 투자를 받아 창의적인 방식으로 열심히 노력했지만 이 중 1,500여개 기업은 투자 원금도 건지지 못하고 사업에 실패하고 기업은 망하게 되었습니다.

그럼에도 불구하고 실리콘 밸리가 많은 벤처 기업가들이 밀려오는 성지로 자리 잡고 있으며 실리콘 밸리에서 매번 억만장자가 나오는 진짜 이유는 무엇일까요? 그것은 다름 아닌 실리콘 밸리 사람들이 생각하는 실패의 정의가 다르기 때문입니다. 그들은 '실패=재도전'으로 받아들이고 있기에 실패가 끝이 아닙니다.

실리콘 밸리에서 성공한 기업들은 평균 2.8회 실패를 경험하였습니다. 사업에 폭삭 망하여 무일푼으로 다시 일어서기를 3번 정도 하였단 말입니다. 그들은 실패 경험을 통해서 성공의 가능성을 찾고 계속해서 도전을 하였습니다. 그들은 절대로 실패는 모든 것이 끝난 것이라고 생각하지 않습니다.

세상은 성공한 기업과 실패한 기업으로 나뉘는 것이 아닙니다. 다만 포기하는 기업과 포기하지 않고 성공할 때까지 재도전하는 기업으로 나뉠 뿐입니다.

당연하게도 성공으로 가는 길은 무수한 실패를 동반합니다.
잘 생각해 보시기 바랍니다. 우리는 그동안 잊고 살았을지도 모릅니다. 지금 우리가 자연스럽게 하는 모든 것들이 무수한 실패들을 바탕으로 성취한 것이라는 사실을 말입니다.

우리가 걸을 수 있게 된 것은 수많은 실패를 딛고 일어선 결과이며 자전거를 잘 탈 수 있는 것 역시 수없이 넘어진 결과라는 것을 말입니다.

환경과 상황이 여의치 않아 하던 일이 좌절되었습니까?

직장에서 불황으로 구조조정을 하고 있나요?

대학 입시에 실패한 자녀가 있습니까?

취업의 문을 암만 두드려도 열릴 생각을 하지 않고 있나요?

창업하려던 계획이 번번이 시도도 하지 못하고 무산되기를 반복합니까?

그러나 기억하십시오. 실패는 끝이 아니라 재도전의 순간일 뿐입니다. 도전하고 싶은 일이 있다면 망설이지 말고 다시 시도하고 또 실패해 보시기 바랍니다.

그리고 또 기억하십시오. 우리는 실패한 것이 아니라 성공을 향해 한 걸음 더 내디뎠다는 사실을 말입니다.

그리고 그 어느 날 "나는 그때 좌절을 택하지 않고 재도전을 택했었다. 그 결과 나는 지금의 자리에 올 수 있었다."라고 세상을 향해 당당하게 소리를 낼 수 있는 우리 모두가 되기를 소망합니다.

성경의 잠언 24장 16절은 다음과 같이 증언하고 있습니다.

대저 의인은 일곱 번 넘어질지라도 다시 일어난다고 말입니다.

실패가 거듭되어 낙심하셨나요?

그렇다면 이제 축하받을 때입니다.

실패가 거듭되었다는 것은 이제 성공이 그만큼 가까이 있다는 뜻이니까요.

이것이 성공하는 리더의 네 번째 한 끗 차이의 비밀입니다.

실패는 결코 끝이 아닙니다. 조금 더 힘을 내 일어나 걸어가시기 바랍니다.

5

노력해도 성공하지 못하는
단 한 가지 이유

후배 태현(가명) 씨는 잘나가는 회사에서 중견관리자로 근무하고 있습니다. 연봉도 남부럽지 않은 정도는 되고 회사에서 평가가 나쁜 것도 아닙니다. 신앙생활도 모범적으로 하고 가정도 원만하게 잘 꾸리며 지내왔습니다. 이제 대학 초년생인 두 자녀도 남부럽지 않은 대학에 입학해 잘 다니고 있고 본인의 건강도 양호합니다. 수줍음을 많이 타는 성격이라 친구가 많지 않지만 사회생활에서 뒤처질 정도로 모난 것도 아닙니다.

그러던 중 회사에서 중요한 프로젝트의 리더로 발탁되었습니다. 리더로 발탁되자 주변에서 이제 임원으로 승진하는 것은 따 놓은 당상이라고 축하를 받으며 시작한 프로젝트였고 본인도 그런 자신이 많이 대견스러웠습니다. 자부심을 느끼기에 충분하였습니다. 아이들도 아빠가 임원이 되면 유학을 보내줄 수 있을 것 같다고 기대하며 더 열심히 공부를 하였습니다.

그런데 그 중요한 회사의 프로젝트가 꼬이기 시작하였습니다. 전 세계적인 불황으로 해외 거래처와 밀접한 관계가 점차 소원해지기 시작했고 중요한 여러 변수들이 엉망이 되면서 프로젝트는 잘못되기 시작하였습니다. 급기야 진행하던 프로젝트의 중요도도 회사의 우선순위에서 밀려나며 본인에 대한 평가에 의문이 들기 시작했습니다.

이제 남은 선택지는 별로 없어 보였습니다. 진급도 물 건너갔고 오히려 입사 후배 밑에서 일을 하게 되는 사태가 발생하였습니다. 이 굴욕을 참아가며 계속 근무하며 훗날을 기약할지 한 살이라도 더 젊을 때 퇴사를 결단하고 새 출발을 해야 할지 어려운 선택을 해야 하는 상황이 되자 그는 저를 찾아왔습니다.

"선배님 어떻게 해야 되지요? 아이들에게 아직도 한참 더 돈이 들어가야 하는데 제 앞길에 갑자기 먹구름이 끼기 시작하더니 비바람이 더욱 굵고 세차게 내리려 합니다."

근데 이것이 제 후배 태현 씨만의 문제일까요?

잘나가는 기업에서 안정적으로 근무하던 사람이 그 기업이라는 우산을 떠나게 될 때 받게 되는 충격은 매우 큽니다. 더구나 그런 기업에서 존중받고 대접받으며 지내다가 막상 홀로 서기를 하려면 본인이 무엇을 잘하는지도 모르고 어떻게 해야 하는지 방법을 몰라 당황하는 경우가 태반입니다. 한 마디로 생존력이 전혀 없습니다.

이런 경우 무엇보다도 자신의 가치를 발견하는 일부터 시작해야 합니다. 자신의 진정한 가치가 무엇인지 그리고 무엇을 잘할 수 있는지를 아는 것은 매우 중요합니다.

먼저 "내가 왜 당신 곁에 존재해야 하는가?"라는 질문에 스스로 답을 할 수 있어야 합니다.
"왜 내가 당신과 함께 비즈니스를 해야 하고 왜 내가 당신과 동역해야 하는가?"라는 질문에 자신 있게 대답을 할 수 있어야 합니다.

자기 스스로 자신이 없는데 누가 당신을 선택할 수 있겠습니까? 여러분 스스로가 여러분이 선택되어야 하는 이유에 분명하게 답변할 수 없다면 여러분은 아마도 그 많고 많은 사람들 중에 그저 그렇고 그런 사람에 불과할 것입니다. 다른 말로 표현하자면 다른 사람과 별반 차이가 없다는 것이고 그들이 당신을 선택할 이유가 없다는 것입니다.

그러나 당신에게는 그 이유가 분명히 존재하고 있습니다. 왜냐하면 하나님께서 당신을 남들과 다른 가치를 가지고 있는 사람으로 창조하셨기 때문입니다. 다만 당신이 모르고 있는 것뿐입니다. 그래서 치열하게 그것을 찾아야 합니다.

그것을 찾은 사람은 어떤 상황이 와도 두려울 것이 없습니다. 왜냐하면 누구와도 다른 나의 가치를 필요로 하는 곳은 많기 때문입니다.

동일한 가치를 제공하는 사람이 많다면 고객들의 선택 기준은 가장 탁월하거나 아니면 가장 값이 싼 것이 될 것입니다. 그러나 남들과 다른 새로운 가치와 경험과 즐거움을 줄 수 있는 사람에게는 탁월함이나 가격이 주요 이슈가 아닙니다. 그들은 다르기 때문입니다.

그러기에 우리가 남들과 비교해서 가장 탁월할 수 없다면 남들과 다름을 택해야 합니다. 그리고 남들과 다름의 시작은 나를 있는 그대로 수용하고 그 가운데 진정한 나를 찾아보는 성찰입니다.

삶이 많이 곤고한 때입니다. 그러나 이럴 때일수록 진정한 나를 찾아보는 노력을 해 보시기 바랍니다. 진정한 나의 가치를 발견한 사람은 자신만의 성공방정식을 만들어 갈 수 있습니다. 그리고 그 성공방정식을 가지고 있는 사람은 어느 상황에서도 승리의 삶을 살아가게 됩니다.

창조주의 창조 섭리는 나다움의 가치를 발견하여 가장 나답게 살아가는 것임을 잊지 않았으면 좋겠습니다.

이것이 성공하는 리더의 다섯 번째 한 끗 차이의 비밀입니다.
가장 나다운 것, 나다움의 가치를 발견하는 비밀을 풀어내는 우리 모두가 되기를 바랍니다.

6

성공하고 싶다면
절대 하지 말아야 할 것

새로운 도전을 찾아 23살의 나이에 낯선 타지 프랑스에 발을 디디고 공부를 하고 있던 마리 퀴리(퀴리 부인)는 어느 날 자신의 삶이 조국 폴란드에 있을 때 계획하고 생각했던 것보다 많이 뒤처지고 있고 또 그 생활 속에 많이 낙담하며 실망스러워하고 있음을 발견하였습니다.

마리 퀴리는 학업에서뿐만 아니라 삶과 생활 속 곳곳에서 나타나는 부정적이고 퇴보적인 자신을 바라보며 그녀 자신이 만든 첫 번째 원칙을 다시 되새겨 보았습니다.

마리 퀴리의 첫 번째 원칙.
다른 사람들이나 내 주변에 발생한 사건과 상황에 패하도록 나 자신을 내버려 두지 말자!

마리 퀴리는 잘 알고 있었습니다. 자신이 세운 첫 번째 원칙이 무너지면 자신도 무너지게 된다는 것을 말입니다. 그러나 자신이 만든 첫 번째 원칙을 지키고 있는 한 자신이 계획했던 공부와 삶에 집중할 수 있고 결국 승리할 수 있다는 것 또한 마리 퀴리는 잘 알고 있었습니다.

마리 퀴리가 그 원칙을 다시 상기하자 그렇게 고통스럽고 힘들기만 하였던 파리에서의 외롭고 쓸쓸하며 온기 없이 춥기까지 한 다락방에서 혼자 공부하는 것이 고통스러운 것만은 아니라는 생각이 들며 그 삶이 익숙해지기 시작하였습니다. 춥고 쓸쓸한 다락방에서의 생활이 누군가의 관점에서 보면 외롭고 고통스러운 경험일 테지만 그녀에게는 이 시간이 자유와 독립이라는 매우 귀한 삶을 선사하는 준비의 시간일 뿐이었습니다.

그녀는 더 이상 자신을 남들과 비교하는 행동을 멈추기 시작하였고 그러자 마리 퀴리는 자신의 순수성을 되찾을 수 있었습니다. 결국 그녀는 다른 사람들이나 자신 이외의 사건이 자신을 지배할 수 없게 만드는 데 성공하였습니다.

그리고 그녀는 혼자 두 번의 노벨 화학상을 받는 업적을 이루어 내고 맙니다.

"두려워해야 하는 것은 아무것도 없다. 이해해야 하는 것이 있을 뿐이다. 지금은 더 많이 이해해야 하는 때이다. 그렇게 두려움을 없애야 한다."

마리 퀴리는 세상에는 눈에 보이지 않는 물질도 많이 있다는 것을 발견한 업적뿐만 아니라 우리에게 의미 있는 한 가지를 더 선물하였습니다. 그것은 바로 보이지 않는 우리의 힘입니다.

두려움을 만드는 신호를 차단하고 우리가 꿈꾸는 것의 가장 본질에 집중할 때 우리는 우리 스스로 알지 못하였던 위대한 힘을 만날 수 있게 됩니다.

1995년 심리학자 클로드 스틸은 특별한 현상을 발견하였습니다. 학교에서 성적이 낮은 학생들에게서 '너는 공부를 못한다'는 주변의 부정적 신호들을 차단하자 그 학생들에게 특별한 조치를 취하지 않았어도 성적이 상위권까지 올라간 것입니다.

그 학생들이 얼마나 머리가 좋은지, 지능지수는 얼마나 높은지, 사고력은 뛰어난 학생이었는지 등을 확인할 필요도 없었습니다. 공부를 못하고 성적이 낮은 학생들에게서 그들이 일상처럼 받았던 교사들의 무시, 은연중 있었던 동료 학생들의 집단적 따돌림 그리고 스스로 공부를 못한다고 생각했던 신호들을 차단해 버렸을 뿐인데 교실 뒷자리를 차지하고 있던 낮은 성적의 학생들은 놀라운 속도로 바뀌었습니다.

클로드 스틸이 최초로 발견한 이 현상에서 더 인상적인 것은 이러한 변화를 위해 자신의 유전자나 부모의 직업, 또는 얼마나 공부를 열심히 해왔는지 따위를 확인하지 않아도 된다는 사실이었습니다. 유전적인 요인이나 상황적 요인이 전혀 개입될 필요가 없었다는 것입니다.

한편 하버드대학의 마가렛 쉬 교수는 실험을 통해 상위권 학생들에게서 성적에 대한 긍정적 신호를 꺼버렸습니다. '너희는 세계 최고인 하버드대학에서 공부하고 있으며 거기서도 너희들은 최고의 성적을 거두고 있는 인재 중의 인재이다.'라는 긍정적인 신호를 모두 없애 버린 것입니다.

그러자 자신의 우월함을 더는 확인할 수 없게 된 상위권 학생들은 고난도 문제를 풀 때의 성적이 현저하게 떨어지게 되었습니다. 그러나 다시 중위권 학생들과 경쟁을 치르게 하자 상위권 학생들의 성적은 눈에 띄게 올라갔습니다.

이것은 무엇을 의미하는 것일까요?

마가렛 쉬의 연구에서 우리가 놀라게 되는 것은 중위권 학생들이 가지는 열등감이 상위권 학생에게는 우월감을 느낄 수 있는 연료로 쓰인다는 점입니다.

우리는 보통 교실에서 밀려난 학생들은 노력이 부족한 사람이라고 판단하지만 심리학자들은 노력을 하게 만드는 환경의 신호가 더 중요하다고 강조합니다. 성적이 낮은 학생들은 상위권 학생들처럼 행동하지 않습니다. 고난도 문제를 의욕적으로 풀려고 하지도 않고, 자기 스스로 이런 문제는 풀 수 없다고 자기가 먼저 자신을 제한하는 생각을 합니다.

이것은 재능과 노력과는 전혀 무관한 문제입니다.
만약 이러한 부정적 신호들을 차단하고 공부를 시작하게 한다면 어떻게 될까요?

모든 부정적인 신호가 차단되고 꿈과 비전에 대한 본질만 남은 공간에서는 꼴찌가 일등이 되고 추락한 천재가 다시 일어서며 춤을 출 만큼 행복하게 됩니다. 이들의 연구 결과는 우리의 의지보다는 의지를 만드는 긍정적 신호들이 훨씬 더 강력하게 우리에게 작용하고 있다는 것을 알려주고 있습니다.

그렇다면 이제부터라도 우리가 할 일은 상황과 환경에서 오는 부정적 신호를 완전히 차단하고 목표에 온전히 집중하는 것입니다. 그렇게 하는 것만으로도 우리에게 의미 있는 변화가 일어납니다.

새로운 삶의 시작의 문턱에 있는 우리가 할 일은 우선 부정의 신호를 차단하는 것입니다. 그리고 긍정의 신호가 우리를 장악하도록 우리를 맡겨보는 것입니다. 그럴 때 우리가 알지 못하던 강력한 힘이 우리를 이끌어 나가게 될 것입니다.

이것이 성공하는 리더의 여섯 번째 한 끗 차이의 비밀입니다.
성공하는 리더는 주변에서 오는 부정적인 신호를 차단하고 나 아닌 남들과 주변 상황에 자신을 맡겨 패배를 자초하지 않는다는 것입니다.

7

성공하는 리더가 갖추어야 할 브랜드 오리지널리티

"이것이 그대들이 그토록 기다리고 바라던 바로 그 전투이다. 우리는 이 전투를 위해 많은 것을 희생해 왔다. 나의 병사들이여! 이제 그 끝을 향하여 나가도록 하자!"

러시아와의 최종 결전을 앞둔 나폴레옹이 병사들을 격려하고 있습니다. 군대 앞으로 어두운 새벽을 뚫고 나타난 나폴레옹은 사열대에 올랐고 부대원들은 나폴레옹을 주목하여 바라보고 있었습니다. 나폴레옹이 연설을 이어갑니다.

"나의 병사들이여! 이 전쟁의 승패는 그대들에게 달려있다. 그리고 우리에겐 승리가 필요하다. 우리에게 필요한 것은 풍성한 식량과 겨울을 따뜻하게 지낼 수 있는 숙영지이다. 이제 이 전투를 통해 그것을 확보하도록 하자. 다가오는 전투에서 승리하여 빨리 고향으로 돌아가자! 그러기 위해서 우리는 승리해야만 한다. 그대들은 이전의 전투에서 했던 그대로만 해주면 된다. 그러면 먼 훗날 그대들의 후손들이 오늘의 그대들을 자랑스럽게 말하며 칭송하게 될 것이다."

나폴레옹의 연설은 힘이 넘치고 병사들의 사기를 북돋아 주고 있었지만 지난밤 병사들은 먹을 감자도 없었고 감자를 구울 장작도, 추위를 녹여줄 나무도 없이 추운 밤을 지새워야 했습니다.

사열대 앞을 지나치는 부대들은 나폴레옹을 보고 "황제 폐하 만세"라고 힘차게 외쳤고 나폴레옹은 '저것이 바로 아우스터리츠의 정신'이라며 기뻐했습니다.

오전 5시 반 경에 모든 사열은 완료되었습니다. 춥고 배가 고픈 병사들이었지만 그들은 마지막까지 품위를 잃지 않았습니다. 사실 이제까지 나폴레옹이 연전할 수 있었던 이유는 그의 충성스런 친위 근위대가 있었기 때문입니다.

1815년 워털루 전투 때 나폴레옹 군대가 완전히 무너져 후퇴 명령이 없었는데도 불구하고 꽁무니를 빼며 도주하는 것을 본 모든 사람들은 나폴레옹의 군대는 이제 끝났다고 생각했습니다.
그러나 그런 상황 속에서도 핵심 근위대는 무너지지 않았습니다.

그들은 그 유명한 "근위대는 죽을 뿐 항복하지 않는다!"라는 구호를 외치며 저항하고 마침내 역사적인 워털루 전쟁에서 승리를 거두게 된 것입니다.

그러나 이번에는 그때와 상황이 달라도 너무나 달랐습니다. 러시아군은 이미 프랑스군과 여러 차례 싸운 경험이 쌓인 단련된 군대였고 무엇보다 이전 전투는 서로에게 먼 나라인 체코 땅에서 싸웠지만 이곳은 서유럽 군대의 누구도 와보지 못한 러시아 내륙 깊숙한 모스크바 코앞이었습니다.

그리고 무엇보다도 프랑스군이 달랐습니다. 아우스터리츠 전투 당시의 프랑스군은 영국을 침공하기 위해 2년 동안 훈련을 한 사기가 넘치는 정예 병사들이었습니다만 지금은 유럽 여기저기에서 끌려온 외국인들과 어린 프랑스 소년들로 채워져 있었습니다. 그리고 추위와 배고픔마저 그 소년들을 엄습하고 있었습니다.

게다가 나폴레옹 본인도 달랐습니다. 7년 전 아우스터리츠 전투 전날 밤 뮈라와 술트 등 핵심 참모들이 모두 후퇴를 권유할 때 이미 모든 계획을 세워놓았던 나폴레옹은 그들을 비웃었습니다.

그러나 지금의 나폴레옹은 이미 늙고 지친 데다 고열과 배뇨 장애로 무척 건강이 좋지 않은 상태였습니다. 이 차이가 결국 성패를 좌우하는 큰 결과를 낳게 됩니다. 프랑스 군대와 나폴레옹은 그렇게 무너져 내렸습니다.

프랑스 파리에 '방돔' 광장이란 곳이 있습니다. 광장 한가운데에는 아우스터리츠 전투에서 대승을 한 나폴레옹을 기념하여 세운 탑이 있는데 이 탑은 러시아와 오스트리아 군대로부터 빼앗은 1,250개의 대포를 녹여 만든 것입니다.

그리고 광장을 둘러싼 상점들 중에 '쇼메(Chaumet)'가 있습니다. 쥬얼리 명품 상점 '쇼메'는 나폴레옹과 관련된 스토리를 가지고 있습니다.

'쇼메'의 주인 '마리 에띠엔 니또'가 젊은 장교 나폴레옹 보나파르트를 자신의 가게에 숨겨 보살펴 주었는데 그 인연으로 황제에 즉위한 나폴레옹의 왕관 제작을 맡게 되었고 이후 프랑스 황실의 전속 보석 세공사가 되었다는 이야기입니다.

방돔 광장의 나폴레옹 승전탑을 바라보고 있는 쇼메 매장은 이 단순한 이미지와 스토리 그리고 위치만으로도 쇼메라는 브랜드의 역사적 진정성이 확고해집니다.

특정 시대를 배경으로 한 탄생 스토리는 브랜드 진정성의 든든한

토대가 됩니다. 브랜드의 전통과 헤리티지는 대부분 역사에 기반하고 있고, 명품 브랜드들은 하나같이 멋진 탄생 스토리를 가지고 있습니다.

역사 속에 담긴 진정성 있는 오리지널 스토리는 기업의 브랜드뿐만 아니라 개인에게도 탄탄한 지지 기반이 됩니다. 지금은 개인 브랜드의 시대입니다. 그리고 그 브랜드는 방돔 광장에 있는 쇼메처럼 자신만의 스토리로 완성됩니다.

삶의 궤적 가운데 나타난 크고 작은 성공과 실패의 스토리는 그 누구도 흉내 낼 수 없는 자신만의 자산입니다. 그리고 이것을 스토리로 묶어 낼 때 그 오리지널리티와 독특함으로 개인의 브랜드를 강화시켜 줄 것입니다.

지난 삶의 실패를 부끄러워하지 마십시오.
그 실패를 소중히 간직하고 새로 시작하려는 일의 성공의 밑받침으로 만들어 자신만의 스토리를 만들어 나갈 때 그것이 주는 강력한 파워는 나폴레옹의 워털루 전투 못지않은 큰 성취를 안겨줄 것입니다.

나의 이야기는 그 어느 누구도 대신할 수 없고 무엇보다 강력하다는 것을 잊지 마시기 바랍니다.

성공이든 실패든 있는 그대로의 나를 받아들여 구축한 강력한 자신의 브랜드를 만들어 나가기를 기대합니다. 브랜드는 희로애락을 모두 가지고 있기에 여러분의 모든 것을 담고 있어야 합니다.

이것이 성공하는 리더의 일곱 번째 한 끗 차이의 비밀입니다.
성공하는 리더는 자신만의 오리지널 브랜드 아이덴티티가 있음을 잊지 마시기 바랍니다.

그것이 성공이든 실패든 그 모든 것이 녹아 진정성 있는 오리지널리티를 간직하게 될 때 세상이 여러분을 바라보는 시선은 늘 신뢰로 가득 차게 될 것이고 여러분은 성공하는 사람의 브랜드로 완성될 것입니다.

8

인생은 완벽하게
불공평합니다

인생은 완벽하게 불공평합니다. 우리를 불편하게 만드는 경제적인 영역을 넘어서서 유전적, 환경적으로 모든 부분들이 분명하게 불공평합니다.

우리가 남들보다 우울한 기분이 많이 드는 것은 부모님이 우울증을 앓았기 때문일 수 있습니다. 우리가 가난한 것은 당연히 부모님이 우리를 경제적으로 뒷받침해 주지 못했기 때문입니다. 우리가 공부를 못하게 된 것 역시 지적 유전자의 암호화가 덜 된 유전적 요인 때문일 것이고 술을 끊을 수 없는 이유는 NF1 유전자에 문제가 생겨서 계속 술을 마실 수밖에 없는 것입니다. 우리가 다이어트를 하겠다고 다짐을 하면서도 고칼로리 음식을 여전히 찾고 있는 이유는 배고픔과 포만을 조절하는 우리 몸 안의 호르몬 시스템 이상 때문이며 이는 부모님으로부터 물려받은 유전적 식습관 때문일 공산이 큽니다.

우리는 불공정할 만큼 완벽하게 열성인 유전적 요소를 갖고 태어났습니다. 그러기에 우리가 가난한 것은 지극히 당연합니다. 모두가 부모 탓이고 모두가 유전적인 탓이거나 환경적인 탓입니다.

세상은 이처럼 완벽하게 불공평하며 우리가 불만스러워 하는 모든 것들 중에 우리가 선택해서 개선을 할 수 있는 것은 단 하나도 존재하지 않습니다.

이것을 알기 전에는 공부를 하지 않거나, 노력하지 않는 자신을 보면서 끊임없이 자신을 자책하고 가난한 것을 나의 무능함으로 돌렸지만 이젠 부모님과 유전자와 유년시절의 환경 탓으로 책임을 전가할 수 있게 되었습니다.

결과적으로 편안하게 공부와 운동을 하지 않을 수 있고, 배달 앱을 켜서 치킨, 피자를 시켜 먹을 수 있으며, 구태여 힘들게 노력을 하지 않아도 되게 되었습니다. 성공한 사람은 나와 다른 사람으로, 날 때부터 아주 좋은 유전자와 환경을 가진 사람일 것입니다.

그런데 만약 누군가 우리에게 세계적으로 유명한 사람들을 소개해

줄 테니 20년 동안 무급으로 그들을 인터뷰하고 기록하는 일을 해보는 게 어떻겠냐고 제안한다면 여러분은 수락하시겠습니까?

아마 받아들이기 힘들 것입니다.

그리곤 곧바로 내가 부모를 잘 만났다면 이런 황당하고 말도 안 되는 불공정한 제안을 받지 않았을 텐데 하고 불평등한 세상을 탓하고 말 것입니다. 아무리 유명한 사람이라고 한들 나의 생계까지 책임져 주지 않는데 어떻게 20년이나 무급으로 그런 일을 할 수 있을까요?

그런데 이 불공정하고 불평등한 일을 수락한 청년이 있었습니다. 그의 이름은 나폴레온 힐이고 그 제안을 한 사람은 미국의 철강왕 앤드류 카네기였습니다. 카네기는 나폴레온 힐에게 그 제안을 하고 시계를 쳐다보았다고 합니다. 그리고 나폴레온 힐이 수락하자 이렇게 말했습니다.

"정확히 27초 걸렸네. 3초만 더 늦었어도 나의 제안을 취소했을 거야."

그런데 앤드류 카네기로부터 이 같은 제안을 받은 사람은 나폴레온 힐만이 아니었습니다. 카네기는 이전에도 많은 청년들에게 그런 제안을 했지만 모두가 그 제안을 거절하거나 너무 길게 고민함으로써 카네기로부터 퇴짜를 맞았습니다.

나폴레온 힐은 그 후 20년 동안 카네기가 소개한 많은 명사들을 만나 인터뷰했고 명사들은 또 다른 사람을 소개시켜 주었고 그렇게 이어진 인맥으로 나폴레온 힐은 사회적으로 성공을 거둔 사람 507명을 만나 인터뷰했습니다. 그리고 거기에 더해 16,000여 명에 달하는 일반인들을 취재한 후 그들과 성공한 사람들의 차이점을 체계적으로 분석했지요.

　　이렇게 탄생한 책이 바로《성공의 법칙》입니다. 그리고 이 책은 출간하자마자 베스트셀러에 올랐으며 나폴레온 힐은 성공학의 아버지로 추앙 받게 되었습니다.

　　《성공의 법칙》에서 나폴레온 힐이 강조한 것은
　　1) 열정
　　2) 구체적인 목표
　　3) 적절한 행동이었습니다.

　　성공한 사람마다 성공을 거머쥔 방식은 달랐지만 모든 사람이 공통적으로 가지고 있었던 것은 바로 이 세 가지였습니다. 성공은 결코 우연히 얻어지는 산물이 아니며 운명적으로 결정된 것도 아닙니다.

　　세상은 분명히 기울어진 운동장입니다.

불공정하고 불평등한 세상입니다.

세상에서 그것을 모르는 사람은 바보이거나 순진하거나 둘 중의 하나입니다.

그러나 그 기울어진 운동장을 뒤바꾸어 자기에게 향하도록 역전극을 만든 사람은 인류 역사 이래 계속 있어 왔습니다.

애플의 스티브 잡스가 그랬고 록펠러가 그랬으며 프랑스의 나폴레옹 황제도 마찬가지입니다. 몽고 제국의 칭기즈칸은 더 심한 모욕을 견디며 일어섰고요.

지금의 큰 부자들과 여러 분야에서 두각을 나타내고 있는 사람들도 처음에는 유전자 탓을 하던 사람들이었습니다. 그러나 그들은 불공정하고 불평등할 것 같은 제안을 받아들이고 그 상황에서 인생을 바꿀 수 있는 가능성을 보았습니다. 그리고 그 가능성에 올인을 한 결과 그들에게 불평등했던 세상은 그들을 중심으로 재편된 것입니다.

사람들은 성공하기 위해 열심히 성공방식을 찾아 헤매지만 사실 성공방정식은 없습니다. 다만 자기 자신의 처지를 바꾸려는 열정과 목표를 가지고 그것을 이룰 작은 행동을 결단하고 꾸준하게 정진한 것뿐입니다. 그리고 그 작은 결과들이 쌓여 세상을 바꾼 것입니다.

그러니 세상이 불공정하고 불평등하다고 우리 눈앞에 다가온 인생을 바꿀 제안을 걷어차 버리는 어리석은 일은 하지 않았으면 좋겠습니다.

4차산업혁명은 우리가 생각한 것보다 훨씬 더 세상을 평평하게 만들어 놓았습니다. 기회의 문은 모두에게 열려 있습니다. 다만 불공정하고 불평등하다는 우리의 편협된 자아가 그것을 못 보게 만들고 있는 것뿐입니다.

눈을 열어 기회를 보시기 바랍니다. 기회를 더 많이 취하십시오. 기회를 더 많이 취한 사람이 성공을 하게 될 것입니다.

이것이 성공하는 리더의 여덟 번째 한 끗 차이의 비밀입니다.
성공한 리더들은 불평등할 것 같은 제안을 받아들이고 그 제안에서 새로운 기회를 발견한 사람들이었습니다.

9

1만 시간의 노력이
성공을 보장하지는 않습니다

세계적인 심리학자 안데르스 에릭슨 박사는 자기 분야에서 최정상에 오른 사람들을 연구하며 그들의 놀라운 성공 뒤에는 타고난 재능이 아닌 아주 오랜 기간의 노력이 있었다는 논문을 발표했습니다.

그의 논문은 '1만 시간의 법칙'이라는 이름으로 말콤 글래드웰의 《아웃라이어》에 인용되며 한국에 소개되었고 그의 이 '1만 시간의 법칙'은 한국에서 신드롬처럼 폭발적인 반응을 일으켰습니다. 한국의 많은 독자들은 이 책에 적극적으로 반응하고 열광하였습니다.

그러나 그의 '1만 시간의 법칙'은 누군가에게는 노력하면 누구나 최고가 될 수 있다는 의욕을 불태우게도 하였지만 또 다른 누군가에게는 지루하고 기나긴 시간이라는 이유로 조롱의 대상이 되며 찬사와 논쟁의 한가운데 놓인 주제가 되어 버리기도 하였습니다.

안데르스 에릭슨 박사는 이 대목에서 그동안 자신의 연구 내용에 대해 독자들이 잘못 이해하고 있는 부분이 있었다고 말하며 새로운 책 《1만 시간의 재발견》을 통해 오해를 바로잡고 인간의 적응력과 성취에 대한 새로운 사고방식을 제시하였습니다.

그의 주장은 한 마디로 우리가 알고 있던 '1만 시간'은 방법이 틀렸다는 것입니다.

1만 시간의 법칙이 한국 사람들에게 크게 주목받고 사랑을 받은 이유 중의 하나는 '무조건 열심히 하면 된다'는 식의 생각이 자리 잡고 있었기 때문일 것입니다. 안 되면 되게 하라는 개발연대식의 일사불란한 노력을 상징하는 용어로 사용되었던 것입니다.

그러나 책상에 오래 앉아 있는다고 1등이 되는 것이 아닌 것처럼 1만 시간의 법칙의 핵심은 '얼마나 오래'가 아니라 '얼마나 올바른 방법'인지에 달려 있습니다. 무턱대고 오랜 시간을 열심히 하는 것이 아니라 남들과 다르게 그리고 나에게 적합하게 열심히 하기가 더 중요한 것입니다.

투입한 시간의 양이 중요한 것은 사실입니다. 그러나 투입한 시간

보다 중요한 것은 그 시간을 보내는 방법과 질입니다. 안데르스 에릭슨 박사가 말하는 노력의 올바른 방법은

1) 집중
2) 피드백
3) 수정하기

이 세 가지로 요약되는 의식적인 연습입니다.

안데르스 에릭슨 박사가 이야기하는 올바른 노력을 한마디로 정리하자면 "의도적, 의식적 연습이 있어야 우리가 투입한 노력이 배신당하지 않는다."라는 것입니다.

여러분은 여러분의 자녀에게 피아노를 왜 가르치십니까? 자녀에게 피아노 가르치기가 유용한 것은 우리 자녀가 유명한 음악가가 되지 않더라도 레슨으로 피아노를 배우며 지루함을 견뎌내고, 반복 훈련을 통해 음악을 창의적으로 해석하는 능력을 기를 수 있다는 것입니다.

우리가 어려운 수학 문제를 푸는 이유도 동일한 이치입니다. 피아노를 1만 시간 연습하여도 고수가 되지 못할 수도 있고 1천 시간만 연습해도 고수가 될 수 있는 것은 재능만의 문제가 아닙니다. 중요한 것은 연습 과정에 의식적인 수련이 있었느냐는 것입니다.

단순하고 반복적인 일이라도 어제와 다르고 지난번과 다르게 하는 창조적인 방법이 있는 사람이 재능이 있는 사람입니다. 재능이 있는 사람은 새로운 연습 방법을 발견해 새로운 차원으로 나갈 길을 찾아냅니다. 의도적이고 의식적인 창조적 연습만이 재능을 재능답게 만들고 재능을 가진 자를 대가로 만들어 주는 것입니다.

1만 시간을 들여도 목표를 이루지 못해 좌절한 사람에게 '너는 할 수 있어'라는 식의 성공주문은 오히려 자존감만 하락시키고 더 이상 일어설 힘마저 헛되게 쏟아붓게 만드는 어리석음이 될 수 있습니다.

계단을 생각해 보십시오. 한 계단을 올라가면 또 다른 계단이 있는 법입니다.

일을 반복하면 물리적 시간이 흐름에 따라 경험이 쌓이고 실력도 늘지만 한번 올라가면 또 다른 장벽이 기다리고 있는 법입니다. 새로운 일을 하며 도전에 부딪히는 것은 지극히 자연스러운 일입니다. 이러한 고난과 도전은 성장의 신호이지 퇴보나 후퇴의 사인은 아닙니다.

지금 새로운 벽에 부딪혀 있습니까?
그렇다면 그것은 지난번과 다른, 한 단계 높은 곳이 있다는 증거일 수 있습니다.

이때가 바로 새로운 단계로 올라가기 위한 창의적인 노력이 필요한 순간입니다. 이때 필요한 것은 단순한 '1만 시간'의 투입이 아니라 의도적이고 의식적인 새로운 노력인 것입니다.

"같은 방법을 반복하면서 다른 결과를 기대하는 것은 미친 짓이다."라고 알버트 아인슈타인은 주장하였습니다. 새로운 일을 하기로 결심하였더라도 우리가 하는 일과 일상에 변화가 없는 것은 일을 하는 방식을 바꾸지 않고 기존의 방법을 반복하기 때문입니다.

그러나 그렇게 익숙한 일이라 하더라도 우리가 의식적이고도 의도적인 새로운 노력을 한다면 우리 앞에는 창조적이며 새로운 길이 놓이게 될 것입니다. 그러기 위해 그저 그런 헛된 노력만 해대는 1만 시간이 아니라 분명한 목적이 있고 그 목적이 창조적인 결과를 만들어 나가는 1만 시간을 보내기를 바랍니다.

이것이 성공하는 리더의 아홉 번째 한 끗 차이의 비밀입니다.
노력을 하되 늘 새로운 방법을 찾아 하라!
항상 기억하시기 바랍니다.

10

오늘 내 인생에
'좌절'은 출입금지!

농구의 꽃은 무엇일까요? 우리는 농구 경기에서 환상적인 덩크슛에 열광하곤 합니다. 농구는 지난 50년 동안 종주국 미국을 중심으로 많은 기술의 변화와 화려한 스타 플레이어들의 현란한 묘기들을 계속 제공해 왔습니다.

하지만 농구에서도 50년 동안 제자리걸음을 하고 있는 것이 있습니다. 바로 '자유투 성공률'입니다. 4.5m 앞의 농구 골대에 아무런 방해도 받지 않고 던지는, 말 그대로 '자유투'인데, 왜 성공률은 향상되지 않는 것일까요?

한 분석에 따르면 1965년 미국 대학농구에서 자유투 성공률은 평균 69%를 기록했는데 2009년 전미대학체육협회 토너먼트에서는

68.8%로 떨어졌고 어떤 해에는 67.1%까지 내려가기도 했지만 2010년 초까지 70%를 넘은 적은 한 번도 없다고 합니다.

같은 농구에서도 상대 수비수의 방해를 받으며 던지는 야투의 성공률은 1960년대까지는 40% 미만이었지만 2019년에는 66.9%로 향상됐고, 1986년에 도입된 3점 슛도 50%대까지 성공률이 지속적으로 올랐는데 자유투 성공률만큼은 제자리걸음을 반복하면서 나빠지지도 그렇다고 눈에 띄게 향상되지도 않았습니다.

무엇이 자유투의 성공률을 제한하고 있는 것일까요?

육상 전문가들은 1마일(약1.6km)을 4분 안에 뛰는 장벽은 절대 깨질 수 없다고 자신 있게 선언했고 인간의 능력으로 1마일을 4분 내에 주파하는 것은 절대 불가능해 보였습니다. 수많은 전문가들의 모든 연구는 4분 장벽을 깰 수 없음을 증명했고 오랫동안 이 믿음은 깨지지 않았습니다. 실제로 아무도 4분 내에 1마일을 주파하지 못했기 때문입니다.

그러나 1954년 한 젊은이가 나타나 육상 1마일 경기에서 마의 4분 장벽을 돌파합니다. 25세의 의대생이던 로저 배니스터는 영국 옥스퍼드에서 열린 경기에서 1마일을 3분 59초 4에 주파해 1945년 스웨덴 선수가 수립한 4분 1초 4의 기록을 깨고 불가능의 영역으로 알려진 3분대 기록에 진입했습니다.

그런데 더 놀라운 것은 배니스터가 4분 장벽을 깬 1년 후에는 27 명의 육상 선수가, 그리고 2년 후에는 무려 300여 명의 선수가 4분 의 장벽을 넘어섰다는 것입니다. 정말로 놀랍지 않은가요? 어느 누 구에게도 가능치 않다고 여겨지던 일이 어느 한 젊은이에 의해 가능 하게 되자 지구촌 곳곳에서 수많은 사람이 그 일을 해냈다는 것입니 다.

도대체 어떻게 된 일일까요? 답은 간단합니다. 장벽은 사람들 마 음속에 있었던 것입니다.

1마일을 달리는 출발 선상에 선 사람 모두의 마음에 4분의 장벽이 있었습니다. 아무도 4분 안에 1마일을 달릴 수 없다는 장벽을 누군 가가 우리 마음에 쳐 놓았고 우리는 그 틀에서 나올 엄두를 내지 못 하였던 것입니다. 마치 그것은 마녀의 주술처럼 우리의 발목을 붙잡 아 놓고 있었던 것입니다.

하나님은 우리를 무한한 능력의 소유자로 만들어 주셨습니다.
그러나 우리의 잘못된 자아가 우리를 제한하고 있는 것입니다.

1마일 4분의 장벽이 바로 그것입니다. 우리는 그것을 돌파할 능력이 있습니다. 불가능하다고 하는 말은 우리를 좌절케 하려는 속임수에 지나지 않습니다.

누군가가 그것은 불가능하고 절대 넘을 수 없는 한계라고 말할 때 우리는 그것을 뛰어넘을 수 있다는 긍정을 택하여야 합니다. 모두가 "그건 안돼"라고 할 때 "나는 기적의 주인공이 될 수 있어"라고 외쳐야 합니다.

희망찬 말로 오늘 하루를 시작하십시오.
"오늘은 멋진 날이 될 거야. 오늘 하루가 정말 기대가 되는군!"
그리고 이렇게 외치십시오.
오늘 내 인생에 '좌절'은 출입금지!

이것이 성공하는 리더의 열 번째 한 끗 차이의 비밀입니다.
성공하는 리더는 누군가 그어 놓은 한계와 좌절을 절대 용납하지 않습니다.
오늘 우리 마음에 있는 마의 4분 벽을 넘어서는 긍정의 하루, 돌파의 하루가 되기를 기대합니다.

11

과거를
직시하십시오

인간은 과거의 기억을 자신의 입맛에 맞게 각색하기 좋아하는 존재입니다. 하버드대학교의 심리학자 대니얼 샥터(Daniel Schacter) 교수는 '기억의 7가지 죄악'이라는 제목의 논문을 통해 우리 기억의 허구성을 낱낱이 밝혀냈습니다. 그는 우리 기억의 모호성을 나타내기 위해 기독교에서 말하는 7가지 죄에 비유하여 기억의 오류를 7가지로 나누어 예시로 소개하고 있습니다.

그 중에 과거 자화상 편향이라는 것이 있습니다. 잠시 눈을 감고 3년 전 자신의 모습을 떠올려 보십시오. 당시 여러분의 능력과 지식은 어느 정도였습니까?

생명을 가진 사람은 누구나 성장을 합니다. 육체적인 면뿐만 아니라 3년 동안 경험과 지식을 쌓았으니 지금의 나는 3년 전의 나보다 지식과 경험 그리고 기능이나 정보를 더 많이 습득해 한결 나은 존재가 되어 있을 것입니다.

그렇다면 3년 전의 나는 지금의 나와 비교해 얼마나 모자란 사람이었을까요?

캐나다 워털루대학교 마이클 콘웨이(Michael Conway) 교수와 그의 연구팀은 과거 자화상 편향에 대한 재미있는 실험을 진행하였습니다. 콘웨이 교수 팀은 이 실험을 위해 '학습기능향상 프로그램'이라는 과목을 신설하였습니다. 이러한 '학습기능향상 프로그램'은 캐나다뿐만 아니라 여러 나라 대학에서 개설되었고 인기 강좌로 자리매김하고 있는 강좌였습니다.

그런데 뜻밖에도 이 프로그램은 성적 향상에 별로 도움이 되지 않는다는 것이 다양한 조사로 증명되었습니다. 그런데도 학생들은 수강 전쟁까지 벌여가며 이 프로그램을 듣지 못해 안달이었습니다. 참으로 얄궂은 상황입니다.

'과거 자화상 편향(변화 편향)' 실험은 이 '학습기능향상 프로그램'과 함께 3주에 걸쳐 진행되었습니다.

연구팀은 강의 첫날 학생들에게 현재 자신의 성적과 공부시간, 집중력 등을 스스로 평가하도록 요청하였습니다. 그런 다음 효과적인 청강 방법과 필기법, 독서법 등을 날마다 90분씩 강의하였고 3주 후 종강 시 설문 조사를 실시하였습니다.

수강한 학생들은 대다수가 수업에 만족한다고 응답을 하였고 학습 능력도 향상되었다고 대답하였습니다. 그런데 이 조사 결과 재미있는 사실이 발견되었습니다.

설문에는 수강 전의 자신의 학습 능력과 수업이 끝난 후의 학습 능력을 평가해 보라고 지시하는 문항이 있었습니다. 그 결과 수강 전 강의 첫날 평가한 자기 평가 점수보다 수업 후 평가한 자기의 수강 전 평가 점수가 더 낮게 나타났습니다.

이 실험으로 대다수의 사람은 과거의 자신을 현재의 자신보다 부족했다고 과소 평가하고 있다는 사실이 밝혀졌습니다. 이러한 사실 왜곡은 '학습기능향상 프로그램'을 이수하지 못한 대기자 명부의 학생들에게서는 좀처럼 찾아보기 어려운 재미있는 현상이었습니다. 학생들은 자신이 수강한 과목이 효과가 있다고 믿고 자신의 확신과 이치에 맞게 자신의 과거 기억을 왜곡한 것입니다.

그리고 이 기억 왜곡에는 또 한 가지 다른 이유가 있습니다. 과거 자신의 수준을 되도록이면 낮추어 성장 정도를 높이고 자신이 투자한 3주간의 노력을 정당화하려는 자기방어 기제가 작용하기 때문입니다.

"내가 젊어서는 바보 같은 짓을 참 많이 했지. 학교 다닐 때 맨날 놀기만 하고 공부는 하나도 안 했어!"

전혀 자랑거리가 되지 않는 일을 마치 자랑스럽다는 듯이 말하고 있는 사람들이 많이 있습니다. 거기다 한술 더 떠 "내가 왕년에 주먹질을 좀 하고 다녔지."라며 과거의 부정적이거나 부적절한 경험을 자랑스럽게 떠들고 다니는 사람들도 있습니다.

그런데 싸움이나 일탈 경험을 습관적으로 자랑하고 다니는 사람일수록 학창시절 행실이 불량하지 않았다는 사실도 잘 알려져 있습니다.

과거의 나를 직시하십시오! 그리고 현재의 나를 객관적으로 바라보아야 합니다. 과거 기억의 왜곡을 통해서 마음의 위안을 얻을 수 있을지 몰라도 그것이 우리의 미래를 밝혀줄 수는 없습니다. 과거의 내가 만들어 놓은 터전에 현재의 내가 새로움을 입혀야 지금과 다른 새로운 미래를 만날 수 있는 것입니다.

과거의 내가 잘났든 못났든 그건 우리의 통제 밖의 일입니다. 미화

해도 왜곡해도 전혀 의미가 없습니다. 다만 우리가 할 수 있는 최선은 과거에서 교훈을 얻어 현재에 반영하고 미래를 바꾸어 나가는 것뿐입니다. 그러기 위해서는 과거를 정직하게 직시해야 합니다.

우리 모두가 과거를 직시하고 우리의 현재 태도와 생각을 바꾸어 미래를 밝게 만들어 나가는 사람이 되기를 소망합니다.

이것이 성공하는 리더의 열한 번째 한 끗 차이의 비밀입니다.

성공하는 리더는 언제나 과거를 직시합니다. 그리고 그것을 현재에 반영하고 미래를 준비하는 성공의 비밀을 안 사람들이었음을 기억하기 바랍니다.

12

당신의 부족함을
상상력으로 채우십시오

스페인 태생의 천재 화가 파블로 피카소가 한창 전성기를 달리고 있을 때에 부자 한 명이 그를 찾아와 재미있는 제안을 하였습니다.

"여자 그림을 하나만 그려보게. 그림이 좋다면 내가 수백 달러를 내고 사도록 하지. 그러나 한 가지 조건이 있네. 4개의 선만 가지고 그림을 그려야 하네."

사람들은 이 제안이 말도 안 되는 제안이라고 했지만 피카소는 아무 말도 없이 그림을 그려 나갔습니다. 그리고는 몇 분 뒤에 완성된 그림을 부자에게 건넸습니다. 그런데 그림을 본 부자는 그 그림을 살 수밖에 없었습니다.

왜냐하면 신기하게도 4개의 곡선이 있는 그 그림을 본 사람들이 그림 속의 여자를 상상해 낼 수 있었기 때문이었습니다. 완벽한 여인의 모습을 그리고 있지는 않았지만 4개의 선 외에 비어 있는 나머지 부분은 각자의 마음으로 상상하여 채워 넣었기에 가능한 일이었습니다. 사람에게는 무언가 부족할 때 그 빈 공간을 상상으로 채우는 능력이 발휘됩니다. 그리고 그림을 볼 때에도 그 능력이 사용됩니다.

1950년대에 미국에서 불가능한 미래를 꿈꾸는 사람이 있었습니다.
'언젠가 흑인과 백인이 형제 자매처럼 손을 맞잡을 수 있는 날이 올 것이다.'

하지만 당시 미국에서는 흑인은 백인과 같은 버스에서는 앉을 수조차 없었습니다. 그런 암담한 현실, 즉 꿈이 이루어지기에는 턱없이 부족한 현실 앞에서 그는 빈 공간을 상상력으로 채워 나갔고 자신이 상상한 미래를 절대 포기하지 않았습니다.

그리고 그는 그 상상을 사람들 앞에서 말하기로 결정합니다.
"나에게는 꿈이 있습니다. 흑인 어린이와 백인 어린이가 형제자매처럼 손을 마주 잡을 수 있는 날이 올 것이라는 꿈입니다."

놀라운 건 상상으로 채워 넣은 그의 불가능한 꿈에 25만명의 사람들이 동의하며 움직였고 그 움직임은 미국 인종 차별 문제를 해결하는 데 결정적으로 큰 공헌을 했다는 점입니다. 이 사람이 마틴 루터 킹입니다.

피카소와 킹 목사 두 사람에게는 공통점이 있습니다.

피카소는 가난했던 시절 때문에 제한된 재료로 상상력을 표현하는 능력이 발달했고, 킹 목사는 수많은 인종 차별과 박해를 온몸으로 경험하면서 그 반대의 상황을 상상한 사람이라는 점입니다.

만약 이 두 사람에게 부족한 환경이 주어지지 않았다면 그들의 상상력은 발달되지 않았을 것이고 위대한 화가와 위대한 인권 운동가라는 위인 또한 나오지 않았을 수도 있었을 것입니다.

그러니 마음 한구석에 묻어 두기만 한 꿈이 있다면 그 꿈을 절대 버리지 마시기 바랍니다. 왜냐하면 그것은 부족한 현실 때문에 절대 이루어지지 못할 꿈이 아니기 때문입니다. 부족함 때문에 비로소 채워 넣을 수 있는 상상이 발휘될 것이고 그 상상은 현실이 될 것입니다.

잊지 마시기 바랍니다. 피카소와 킹 목사의 부족함이 만들어 낸 상상이 위대한 결과를 만들어 냈듯이 우리의 상상에도 현실을 뒤집어 놓을 수 있는 힘이 있을지 모르니까 말입니다.

　이것이 성공하는 리더의 열두 번째 한 끗 차이의 비밀입니다.
　성공하는 리더는 언제나 부족한 현실을 상상으로 채워 넣을 줄 아
는 사람입니다. 그리고 그 상상을 현실을 뒤집을 힘의 근원으로 삼
는다는 성공의 비밀을 안 사람들이었음을 기억하기 바랍니다.

《 성공하는 리더의 한 끗 차이 》

리더의 태도
발견하기

1

에디슨의 147과
라이트 형제의 805

이 사람이 누군지 맞혀 보시겠습니까?

아버지가 돌아가시면서 가세가 기울어 어릴 때부터 농장 일을 도왔습니다. 어머니가 재혼한 후엔 의붓아버지와 갈등을 겪어 가출한 뒤 수많은 직업을 전전해야 했습니다. 미국 전역을 돌며 보일러 점검원, 보험 판매원, 소방관 등 다양한 일을 했습니다.

주유소 사업을 시작했지만 대공황으로 실패하고 맙니다. 다시 주유소를 내며 음식을 팔기 시작했는데, 지역 사회의 인기를 끌자 본격적으로 레스토랑을 엽니다. 지역에 널리 알려지며 성공가도를 달릴 줄 알았던 그때, 화재로 모든 것이 잿더미가 되어 버립니다.

당시로써는 인생을 정리할 나이인 60살이 넘었지만 그는 포기하지 않았습니다. 신메뉴 개발에 몰두해 자신만의 프라이드치킨 조리법을 완성한 뒤, 레시피를 팔기 위해 레스토랑을 돌아다니기 시작했습니다. 전국을 헤매고 다닌 끝에 이 레시피는 1008번째 식당에서야 받아들여졌습니다. 그리고 그의 나이는 65세였습니다. 모두가 잘 아는 KFC의 창업주 커넬 샌더스의 이야기입니다.

제목에 붙어 있는 숫자 '147-805'는 무슨 의미일까요?

난해해 보이는 이 147-805는 무슨 난수표 같기도 하고 암호 같아 보이기도 합니다. 혹시 우편번호로 생각하실 분이 있을지 모르지만 저희 집 우편번호는 더더욱 아닙니다. 그런데 우리 모두가 이 숫자를 기억하고 새로운 삶을 살았으면 좋겠습니다.

147이라는 숫자는 에디슨이 백열전구의 필라멘트를 발견하기까지 실패한 횟수입니다.

에디슨은 147번의 실패라고 부르지 않고 백열전구를 만드는데 불필요한 방식을 147번 발견하였다고 말하기를 즐겨 하였다고 합니다만 편의상 실패의 횟수라고 부르겠습니다. 만일 에디슨이 147번째의 실패에 절망하여 백열전구 만들기를 포기하였다면 148번째의 도전에서 성공을 맛보지 못하였을 것입니다.

805는 라이트 형제가 비행에 성공하기까지 그들의 비행이 실패한 횟수입니다.

아마도 그들 형제 주변의 가족이나 친지들은 그들이 100번 정도의 실패를 할 때까지 격려를 아끼지 않았을 것입니다. 남들이 손가락질을 할 때 사랑하는 가족이기에 격려하고 배려하며 기도로 도와주었을 것입니다.

그러나 그 횟수가 200번을 넘어 3~4백번에 이르렀을 때에는 가족들도 지쳐 만류를 하였을 것입니다. 안 되는 일은 이제 그만두고 다른 되는 일을 하자고 조언하며 말렸을 것입니다. 4~5백번이 넘어갔을 때에는 라이트 형제는 완전히 내어놓은 사람이었을 것입니다. 가족들에게조차 미친 사람 취급을 받았을 것입니다.

우리 스스로를 돌아보면 그들이 당한 고초를 잘 이해할 수 있습니다. 우리 주변의 가족이 그런 일을 한다면 우리도 참을 만큼 참아 주겠지만 계속되는 그들의 실패를 만류하다 이내 포기하고 다시는 쳐다보지도 않을지 모릅니다.

그런데 라이트 형제는 806번째에 짧은 비행이었지만 날 수 있었고 그 성공의 바탕이 우리로 하여금 상공을 가르며 대륙을 횡단케 하였습니다.

남들이 미쳤다고 할 때 포기하지 않은 에디슨이 있었고, 라이트 형제가 있었기에 우리가 편리함을 누릴 수 있는 것이지요. 거기에 모두 포기할 나이에 다시 일어서 1007번의 거절을 이겨낸 샌더스를 기억해야 합니다.

인디안 부족의 기우제가 늘 성공하는 이유는 비가 올 때까지 기우제를 드리기 때문이라는 말을 우리는 모두 기억해야 합니다. 될 때까지 포기하지 않음을 의미하는 147-805를 늘 기억하는 새 출발이 되기를 소망합니다.

어떤 상황에서도 기죽지 말고 포기하지 말며 매번 창조적인 방식으로 실패를 거듭하여 무엇이 안 되는 방식인지 분명하게 깨우치고 결국 도전에 성공하는 우리 모두가 되었으면 좋겠습니다.

이것이 우리가 발견해야 할 성공하는 리더의 첫 번째 한 끗 차이의 태도입니다.
성공하는 리더는 절대 포기하지 않았음을 기억하시기 바랍니다.

2

'무엇을 할 것인가'보다
'무엇이 될 것인가'를 고민하라

한 청년이 자신의 꿈을 이야기합니다. 문화 예술 방면에 대한 비전과 꿈이 있다며 멘토링과 함께 코칭을 요청한 청년은 지난 1년간 있었던 일들을 안타깝고 속상한 마음으로 속사포처럼 쏟아 내고 있었습니다.

연기에 대한 재능도 있는 것 같아 이름 없는 작은 기획사에 들어갔으나 의뢰 들어오는 작품은 거의 없고 옆의 다른 동료만 밀어주는 것 같아 그 기획사를 나오고 싶은데 어떻게 하면 좋겠냐는 질문부터 시작한 청년의 속상함은 몇 마디 말로 정리하기 힘들 정도입니다.

거의 1시간을 맞장구치며 듣고 나니 좀 진정이 되는지 저의 의견을 묻습니다. 나이는 이미 30을 훌쩍 넘어 30 중반을 바라보는데 손에 잡히는 것은 하나도 없으니 그 청년이나 듣는 저나 답답하고 안타깝기는 매한가지입니다.

안타까운 마음을 뒤로하고 청년에게 'To Do List(무엇을 할 것인가?)'가 아닌 'To Be List(무엇이 될 것인가?)'를 정리해 보라고 조언을 했습니다.

성공적인 인생을 살기 위해서는 하나님이 부여한 자기만의 독특하고 독창적인 스타일을 발견해야 하는데 그 청년은 문화 예술 방면의 꿈과 비전이 있다고 강조할 뿐 그 분야에서 어떤 인물이 될지는 확정하지 못한 것 같아 꿈의 줄기를 좁혀보라고 하였습니다.

그것을 좁혀가는 작업 중의 하나가 'To Be List(무엇이 될 것인가?)'를 정리해 보는 것입니다. To-Be가 없는 상태에서 To-Do는 자칫 잘못된 방향으로 달려가 회복될 수 없는 방향의 오류를 낼 수 있습니다.

현재의 시대는 '더 많은 것을 생산할 수 있느냐'의 시대가 아니라 '더 가치 있는 것을 생산할 수 있느냐'의 시대입니다. 무수히 많은 그저 그런 것들을 생산하는 데 시간을 써서는 안 됩니다. 단 하나를 생산하더라도 그 어떤 것들보다 가치 있는 것들을 만들어 내야 합니다. 그러기 위해 가장 자기다운 독특함을 발견해야 합니다.

그것이 To-Be-List입니다.

그것을 발견하고 난 후에 3년 전략을 만들어 자신만의 '가치'를 만들어 낼 수 있는 시간을 확보하라고 하였습니다. 그리고 하루 최대한의 시간을 확보하여 '가치'를 만들어 나가는 일에 몰두하라고 조언을 하였습니다. 그 몰두하는 4단계 방법을 공유합니다.

첫 번째, 좁혀진 목표를 향한 한 우물 파기를 해야 합니다.
우리가 가진 자원과 시간은 한정되어 있는데 한 번에 여러 개를 이루려 하다 보니 집중력도 떨어지고 진도도 나가지 않아서 쉽게 지치고 그래서 포기하는 경우가 많습니다. 우리가 가진 자원이 열악하다는 사실을 인정한다면 목표를 좁히고 집중해야 합니다.

두 번째, 삶을 단순하게 재단할 필요가 있습니다.
자신의 '가치'를 만들어 낼 3년 전략을 세웠다면 그 목표에 완전하게 몰두할 수 있는 시간이 우리 삶의 대부분이 될 수 있도록 스케줄을 조정해야 합니다. 이를 방해하는 소모적 시간들은 철저하게 배제해야 합니다. 자신의 목표에 도움이 안 되는 모든 활동을 배제하고 목표를 향한 단순한 삶을 살아가야 합니다. 그렇게 3년을 살아 내면 자신이 목표한 To-Be로 접근한 자신을 발견하게 될 것입니다. 그리고 3년 후에 다시 새로운 3년을 최고의 시간으로 만들 수 있는 습관을 얻게 될 것입니다.

세 번째, 독종이 되어야 합니다.

본인의 가치를 발견하고 가치를 만들어 내는 일과 관계가 없는 모든 일에 거절을 할 수 있는 독종이 되라고 하였습니다. 가치를 만들어 가는 일에 방해되는 모든 것을 단절하고 한 가지 일에 몰입해 도전하는 독종이 되어야 합니다. 독종이라는 말은 절박함의 다른 표현일 수 있습니다. 어쩌면 가족과 친지 그리고 친구에게 외면을 받을수도 있습니다. 그러나 그것을 이겨내야 합니다. 왜냐하면 절박하기 때문입니다.

네 번째, 모든 비난과 질책에 초연함을 보여야 합니다.

네가 그렇게 한다고 제대로 될 것 같냐는 질타와 조롱에도 정면 대응하지 말고 미소로 답하며 넘어가야 합니다. 우리의 가치는 어느 누가 대신 만들어 주는 것이 아니므로 그 비난과 조롱은 사실 터무니없는 것입니다. 터무니없는 일에는 그저 웃음이 약입니다. 절대로 타인의 시선으로 인해 자신이 조종 받는 일을 허용해서는 안 됩니다.

앞으로의 삶에서는 환경과 상황의 어려움에 기대어 좌절을 핑계삼는 비겁함을 벗어버렸으면 좋겠습니다. 삶을 감싸고 있는 환경은 앞으로도 어려울 가능성이 높습니다.

세상은 앞으로도 계속 어려울 것이라는 뉴노멀의 세상이 수없이 공표되었는데도 아직도 환경 탓만 하며 준비를 하지 않는 것은 어리석을 따름입니다. 예상되는 어려움을 극복하고 돌파할 가치(Value)인 To-Be를 확정하고 그것을 진행할 구체적인 행동 계획을 세우는 우리 모두가 되었으면 좋겠습니다.

예기치 않았던 이유로 촉발된 디지털 콘택트는 4차산업혁명을 가속화하여 그 기간을 최소 5년은 앞당겼다는 것이 전문가들의 중론입니다. 이 상황은 떠나가도 디지털 콘택트로 온택트를 이루는 초지능, 초연결 사회는 계속적으로 우리를 새로운 패러다임으로 몰고 갈 것입니다.

그러기에 시대를 분별하고 미래를 준비할 필요가 있는 것입니다. 변화와 도전을 두려워 말고 4차산업혁명이라는 넘실대는 강물에 발을 담가 건너 진정한 자신의 가치를 발견하여 어려움을 극복하고 돌파해 내기를 기대합니다.

이것이 우리가 발견해야 할 성공하는 리더의 두 번째 한 끗 차이의 태도입니다.

성공하는 리더는 'To Do List(무엇을 할 것인가?)'가 아닌 'To Be List(무엇이 될 것인가?)'를 정리하는 태도를 가졌습니다. 그리고 그것을 완성하기 위한 '자신의 가치 만들기 4단계의 몰두 방법'을 실천하였음을 기억하시기 바랍니다.

3

어제의 나와 오늘의 내가 만나야
내일의 내가 만들어집니다

성실하고 근면한 제빵사가 있었습니다. 살아가기 위해 스물세 살 때부터 시작한 제빵사 생활입니다. 하루 열두 시간씩 32년간 매일 빵을 구웠습니다. 힘들기도 하고 고단하기도 했지만 나쁘지 않은 삶이었습니다. 결혼도 하였고 딸도 낳아 정성껏 키웠습니다. 나름 행복한 삶을 살아왔습니다.

그러던 어느 날 그의 나이 불과 쉰다섯에 해고 통보를 받았습니다. 삶은 한순간에 엉망진창이 되어버렸습니다. 그동안 누리던 그 모든 것이 사라져 버렸고 절망이라는 단어조차 사치스러울 정도로 인생은 악화되고 있었습니다. 그는 매일 거대한 벽이 자신에게 전속력으로 달려와 부딪히는 환영에 시달렸습니다. 삶은 처절한 암흑 속에서 나아질 기미가 보이질 않았습니다.

그러나 그는 일어나야만 했습니다. 왜냐하면 그에게는 가족이 있었기 때문입니다. 그는 생계를 위해 거리로 나서서 노래를 부르기 시작하였습니다. 진눈깨비가 처량하게 내리던 크리스마스이브, 그는 네덜란드 남부의 소도시 마스트리히트 한복판에서 오가는 이들의 무관심 속에서 노래를 시작하였습니다.

When I am down and oh my soul, so weary
When troubles come and my heart burdened be
Then, I am still and wait here in the silence
Until you come and sit awhile with me
(내가 낙담하고 내 영혼이 힘들고 지칠 때

문제와 괴로움이 밀려와 나의 마음을 무겁게 할 때

당신이 내 옆에 와 가만히 앉을 때까지

나는 여기에서 고요한 침묵 속에 당신을 기다립니다.)

그가 잔잔하게 'You raise me up'이라는 노래를 부르자 무심하게 오가던 사람들은 가던 길을 멈추고 호기심 어린 눈빛을 반짝거리며 그의 노래를 주목하여 듣기 시작하였습니다.

그의 이름은 '마틴 허켄스'였습니다. 사실 그는 일곱 살에 소년합창단에 발탁되었고 열세 살에 음악학교에 입학한 신동이었습니다. 그러나 가정의 가난 때문에 성악가의 꿈을 포기하고 제빵사가 되어

32년을 근무하다가 해고를 당하게 되었던 것입니다.

어제의 나와 오늘의 나와의 만남이 내일의 나를 만듭니다.

어제의 나는 변화시킬 수 없습니다. 그러나 어제의 나는 오늘의 나를 만들었습니다. 어제의 나는 그것이 좋든 나쁘든 내가 만족하든 불만족하든 지울 수도 없고 인정할 수밖에 없습니다. 왜냐하면 어제의 나는 바꿀 수 없기 때문입니다.

그러나 어제의 나는 오늘의 나를 만나야 합니다.

어제의 내가 오늘의 나와 만나기 위해서는 어제의 나를 먼저 인정하는 것이 중요합니다. 지워버리고 싶을 정도로 엉망인 어제의 나라 할지라도 그것을 인정하지 않으면 오늘의 나와 마주 대할 수 없습니다.

마틴 허켄스는 어제의 나를 가슴에 안고 오늘의 나를 마주하였던 것입니다. 그러자 그에게 생각도 하지 못한 기회가 예기치 못한 순간에 찾아왔습니다.

마스트리히트 지역 방송국은 카메라 한 대만 놓고 그가 거리에서 'You raise me up'을 부르는 장면을 찍어 유튜브에 올렸습니다. 동영상은 중국에서만 첫 주에 100만 뷰를 찍으며 폭발적 반응을 일으

켰습니다. 유럽과 미 대륙은 물론 대만과 일본에서도 공연 요청이 쇄도했습니다.

허켄스는 "문 하나가 닫히면 새로운 문이 열리는 게 삶"이라고 했습니다.

"만약 내가 실직하지 않았으면 이런 상상치 못할 경험을 하지 못했을 것입니다. 실직을 하고 나서야 나는 비로소 인생의 아이러니에 전율했지요."라고 말했습니다.

지난 삶이 엉망이었고 고통의 나날이었습니까? 인생의 역사 속에서 실패의 흑역사를 온전히 지워버리고 싶나요? 그러나 허켄스는 말하고 있습니다. 먼저 어제의 나를 인정하라고요.

가급적 적나라하게 어제의 나를 객관적 상태에서 돌아보십시오. 그럴 때 미래의 아이러니와 인생 역설의 순간이 우연처럼 다가오게 됩니다. 허켄스처럼 말입니다.

그리고 이 만남에 의미를 더하기 위하여 중요한 조건 하나를 더 충족시키십시오.

그것은 다름 아닌 긍정으로 반응하라는 것입니다. 아무리 어제의 내가 초라하고 오늘의 내가 가진 것이 없다 하더라도 지금 반응할 조건은 긍정입니다.

절대 포기를 택하지 마십시오.
절대 불평을 택하지 마십시오.
절대 회의를 택하지 마십시오.

다만 어제의 절망의 문을 닫고 새로운 소망의 문을 열고 우리의 리듬에 맞춰 춤을 추며 들어가 새로움을 맞이합시다. 그리고 우리는 그 어느 때보다도 더 우아해 보일 것이라고 스스로 장담하며 다짐하는 새 출발이 되기를 기대합니다.

이것이 우리가 발견해야 할 성공하는 리더의 세 번째 한 끗 차이의 태도입니다.

성공하는 리더는 절망의 순간에도 또 다른 문을 열어젖히는 용감한 태도를 가졌음을 기억하시기 바랍니다. 그럴 때 예기치 않게 찾아오는 인생의 축복을 모두 경험해 보시기를 축복합니다.

4

뜻밖의 성공을
주의 깊게 관찰하십시오

한 청년이 있습니다. 지방대 생물학과를 졸업했습니다. 취업이 안 돼 대학원에 진학하기로 하고 대학원에서 열심히 공부했습니다만 박사과정을 밟을 건지 취업을 할 건지 결단을 할 시점이 왔습니다.

멘토링을 요청한 청년에게 현실적인 조언을 해 주었습니다. 취업의 시간을 벌기 위해 택한 학업을 더 해보았자 큰 이득이 될 게 없으니 이제는 취업을 준비하는 게 좋겠다고 말입니다.

그런데 취업도 만만치 않습니다. 지방대 생물학과 졸업자가 들어갈 만한 자리는 그리 많지 않습니다. 눈높이를 많이 낮추어야 할 필요가 있어 보였습니다.

그러나 발상의 전환을 해 보자고 하였습니다.

이왕 어려운 취업 자리라면 도전할 만한 기업을 찾아 남들과 다른 접근을 해 보자고 말입니다. 다만 그 목표가 달성이 되지 않았다고 낙담하는 대신 그 도전에서 얻은 교훈으로 또 다른 도전을 해 보기로 말입니다.

마침 국내 굴지의 전자회사 해외마케팅 담당을 뽑는 채용공고가 났습니다. 도전하기로 하고 자기소개서 작성부터 차별화하기로 하였습니다. 그리고 청년이 대학원에서 공부한 '농게의 짝짓기'와 '해외마케팅'을 연결하기로 하였습니다.

"저의 전공 논문은 농게의 짝짓기에 관한 연구입니다. 말도 못하고 행동도 굼뜬 농게가 어떻게 짝짓기를 하는지 잘 아는 저에게는, 말도 안 통하고 문화도 다르며 사고방식도 다른 타 문화권의 사람들에게 마케팅을 하는 것은 오히려 쉬운 일일 수 있습니다. 농게를 끈질기게 관찰하며 짝짓기를 연구한 저의 인내와 접근 방법론은 해외마케팅에서 분명 성과를 낼 수 있다고 생각합니다. 마케팅은 정성과 인내라고 생각합니다."

그리고 기적 같은 일이 일어났습니다. 그 청년은 합격했고 지금도 굴지의 전자회사에 잘 다니고 있습니다.

1917년 오스트리아 초등학교에서 있었던 일입니다. 초등학교 교사 엘자는 글쓰기를 제대로 배운 적이 없는 한 아이가 곧잘 글을 써 내려가는 것을 발견했습니다. 교사로 직감적인 느낌이 발동한 엘자는 어떻게 하면 이 아이의 글쓰기 재능을 키워줄까 고민하던 중 그 아이와 함께 조금은 특별한 일기를 쓰기로 작정하였습니다. 이름하여 '비밀일기 쓰기'

아이가 자신이 어떤 글을 썼는지 적어 선생님에게 비밀스럽게 전달하면 엘자는 자기의 기대사항을 달아 주는 방식이었습니다. 단순하고 별다를 게 없어 보인 방식이지만 이 비밀일기에 흥미를 느낀 아이는 선생님과 비밀일기를 주고받으며 실력을 키워 또래들 중 가장 글을 잘 쓰는 아이가 되었습니다.

그리고 그는 훗날 현대 경영학의 아버지라 불리는 피터 드러커가 되었습니다.

피터 드러커는 그 비밀일기의 습관을 평생 간직해 왔습니다. 그리고 그것을 토대로 '피드백 수첩'이라는 자신의 메모 방식을 이어 나갔습니다

그는 늘 이 비밀일기를 적어 내려갔고 이 '피드백 수첩'에 적힌 내용을 바탕으로 자신의 강점이 될 만한 작은 실마리를 찾아 나가기

시작하였습니다. 드러커는 이 피드백 수첩에 자신의 강점으로 자라날 만한 것들을 나열해 나갔고 다시 그중 가능성이 높은 것을 목표로 삼고 이를 실천했습니다. 드러커는 피드백 수첩에 적혀 있는 것들을 자신의 "강점 원석"이라고 불렀습니다.

사실 대다수의 사람들은 뜻밖의 성공에 대해 시큰둥한 편입니다. 단순히 운이 좋았다고 생각하기 때문입니다.

하지만 피터 드러커는 자신만의 강점을 찾기 가장 좋은 방법이 바로 이 뜻밖의 성공을 주의 깊게 관찰하는 일이라고 하였습니다. 단지 운이 좋았다고 생각했던 일들이 어쩌면 내가 찾고 있던 진짜 내 '강점 원석'일 가능성이 높기 때문입니다.

앞에 말씀드린 청년도 자신의 가장 강한 부분을 차별화하기로 작정하였습니다. 그리고 운이 좋게도 그 일이 성공하였습니다.

우리에게 크든 작든 행운 같은 성공은 드물지 않게 나타납니다. 그러나 우리는 대부분 그것을 일회성 행운으로 치부하고 무시합니다. 하지만 사실 그것이 평생의 행복을 가져올 나의 강점 원석일 수 있습니다.

지금 자신이 뭘 잘할 수 있는지 확신이 없고 뭘 해야 할지 막막하게 느껴지나요? 그렇다면 지금부터 지난 1년간 잊어버리고 있던 우연한 성공 경험을 떠올리며 적어 보시기 바랍니다. 그리고 기억하시기 바랍니다. 다이아몬드라는 보석을 얻으려면 잡석들에 휩싸인 투박한 원석부터 찾아야 한다는 것을 말입니다. 그리고 그것을 남들과 다른 모양으로 갈고 닦는 일이 내가 가장 성공할 수 있는 길임을 인식하기 바랍니다.

참 어려웠던 삶이라 할지라도 오늘 이 시간 내 손에 있는 우연 같은 성공이 무엇이 있는지 살펴보시기 바랍니다. 그 우연 같은 성공이 우리의 강점이 될 수 있고 그것이 우리에게 오기로 되어 있는 축복의 예고편일 수도 있음을 기억하며 새 출발을 준비하시기 바랍니다.

이것이 우리가 발견해야 할 성공하는 리더의 네 번째 한 끗 차이의 태도입니다.

성공하는 리더는 뜻밖에 찾아온 성공을 그저 행운으로 치부하지 않았습니다. 그 성공을 기초로 자신의 강점을 강화시키는 지혜로운 태도를 가졌음을 기억하시기 바랍니다.

5

절망은
곧 희망입니다

성문 어귀에 나병 환자 네 사람이 있더니 그 친구에게 서로 말하되 우리가 어찌하여 여기 앉아서 죽기를 기다리랴 만일 우리가 성읍으로 가자고 말한다면 성읍에는 굶주림이 있으니 우리가 거기서 죽을 것이요 만일 우리가 여기서 머무르면 역시 우리가 죽을 것이라 그런즉 우리가 가서 아람 군대에게 항복하자 그들이 우리를 살려 두면 살 것이요 우리를 죽이면 죽을 것이라(왕하 7:3-4)

B.C. 8세기경 이스라엘을 포위한 아람 군대로 말미암아 사마리아 성은 굶주림으로 아비규환이 되어 버렸습니다. 그중에서도 사회적으로 가장 약자층에 속하는 나병 환자가 겪는 고통은 더 컸을 것입니다. 아무도 그들을 돌보아 주지 않습니다.

극심한 배고픔과 함께 아무 데도 기댈 곳 없는 나병 환자들은 아람 군대에 항복을 하기로 작정합니다. "살려 두면 살 것이요 죽이면 죽으리다" 다짐하고 아람 군대 진영으로 발걸음을 향합니다. 희망이라고는 찾아볼 근거가 하나도 없습니다. 사방이 온통 죽음과 절망투성이입니다.

15세기 중반 유럽의 서쪽 이베리아 반도 끝자락에 있는 포르투갈은 유럽에서 가장 낙후된 곳이었습니다. 오랜 이슬람교도들의 지배에서 벗어나 이제 막 독립을 하고 나자 먹고 살 거리가 막막하게 되었습니다. 동쪽은 스페인과 높은 산악지역으로 막혀 유럽 본토로 진출할 수 없고 앞은 망망대해 죽음과도 같은 대서양의 바다뿐입니다. 그들에게 바다는 죽음의 장소입니다. 아직 지구가 둥글다는 것이 증명되기 전이니까요.

이때 포르투갈의 엔리케 왕자가 나타납니다. 앞 뒤로 꽉 막혀있는 그 상황에서 그는 바다라는 죽음을 택합니다. 가만히 앉아 운명을 탓하며 죽느니 증명 안 된, 지구가 둥글다는 이론을 믿어 보기로 한 것입니다.

죽으면 죽으리라.

선단을 구성합니다. 대양을 개척하기 시작합니다. 아프리카 서해

안을 따라 항해를 시작합니다. 어느 순간 해안을 따라 항해하던 선박의 나침반의 방향이 남쪽이 아닌 동쪽을 향하고 있음을 알아차립니다. 아프리카 대륙의 남단에 도달한 것입니다. 비로소 인도양에 이를 수 있는 항로를 찾게 된 것입니다.

그러나 그곳은 파도가 너무나 센 곳이라 배를 정박할 수 없었습니다. 그래서 그곳의 이름을 "폭풍의 곶"이라 명명하지만 곧바로 그곳은 "희망봉"이라 이름 붙여지게 됩니다. 절망이 희망이 된 곳! 그곳은 파도가 아무리 세다 하더라도 새로운 희망을 찾아가는 입구인 희망의 장소이기에 "희망봉"이 된 것입니다. 죽음의 바다가 희망의 바다로 바뀌는 순간입니다.

사마리아 성의 나병 환자는 아람 군대의 진으로 갑니다. 그런데 이것이 어찌 된 영문입니까? 군대는 사라지고 급히 떠난 군대가 남겨 놓은 곡식과 음식물 그리고 금은보화가 지천으로 널려있습니다.

이는 주께서 아람 군대가 병거 소리와 말 소리와 큰 군대의 소리를 듣게 하셨으므로 아람 사람이 서로 말하기를 이스라엘 왕이 우리를 치려 하여 헷 사람의 왕들과 애굽 왕들에게 값을 주고 그들을 우리에게 오게 하였다 하고 해 질 무렵에 일어나서 도망하되 그 장막과 말과 나귀를 버리고 진영을 그대로 두고 목숨을 위하여 도망하였음이라(왕하 7:6-7)

때로는 절망이 우리로 하여금 극한 상황으로 몰고 갈 때가 있습니다.

굶주림의 절망 상황이 아니었다면 나병 환자들은 아람 군대의 진영으로 목숨을 걸고 갈 생각을 하지 않았을 것입니다. 죽음을 무릅쓰고 아람 진영에 갔기에 목숨을 건질 수 있었던 것입니다.

포르투갈의 엔리케 왕자가 죽음을 무릅쓰고 대서양으로 나간 것도 더 이상 어쩌지 못하는 절망의 상황이 있었기에 가능한 것입니다. 그러하기에 그는 희망봉을 만날 수 있었던 것입니다.

이스라엘 민족이 이집트에서 노예생활의 고통이 극에 달할 때 그들은 하나님께 간절히 그들의 고통을 덜어달라 기도했고 모세를 통한 그들의 이집트 탈출과 젖과 꿀이 흐르는 땅 가나안에 대한 소망을 갖게 되었습니다.

대서양이라는 죽음의 바다가 포르투갈에 희망의 바다가 되고 결국 포르투갈이 15세기 세계를 호령하는 패권국가가 되었듯이, 이집트를 탈출한 이스라엘 민족이 가나안 땅에서 강력한 왕권 국가를 세울 수 있었던 것처럼 절망은 우리가 알지 못하던 아주 큰 소망의 자리로 옮겨주는 역할을 합니다.

절망이 희망이 되는 것은 그 절망의 순간에도 하나님은 우리와 함께하시기 때문입니다. 아람 군대에게 환청을 들리게 하여 도망하게 하신 하나님께서 이슬람교도와의 독립전쟁에 승리한 포르투갈 국민을 위해 희망봉을 열어 놓으셨던 것입니다.

그러기에 절망은 희망인 것입니다. 절망으로 주저앉아 죽기를 택하기보다 죽음처럼 보이는 바다로 나가는 것이 사는 길입니다.

도전 정신과 담대함으로 나아가는 우리가 되었으면 좋겠습니다.
절망을 피하기보다 그 절망을 소망으로 바꾸어 나가기를 소망합니다.

인생 전반의 로드맵은 우리가 알 수 없습니다. 다만 도전과 확신이라는 나침반만이 우리가 가질 수 있는 도구입니다. 도전과 확신의 나침반이 향하고 있는 곳으로 폭풍과 같은 절망을 넘어 희망봉으로 모두 나가기를 소망합니다.

이것이 우리가 발견해야 할 성공하는 리더의 다섯 번째 한 끗 차이의 태도입니다.
성공하는 리더는 죽음과 같은 절망 속에서 도전을 택하여 희망을 만들어 냅니다. 도전과 확신이라는 나침반으로 성공을 찾아 내는 여러분이 되기를 기대합니다.

6

형편없는 초고를 쓰는 것이 시작입니다

애니메이션 영화《니모를 찾아서(2003년 개봉 작)》의 감독 앤드류 스탠튼(Andrew Stanton)은 다음과 같은 말을 하였습니다.

"내가 구사하는 전략은 언제나 같다. 가능한 빨리 잘못하는 것이다. 가급적이면 빨리 실패를 통해 해답을 얻는 것이 좋다. 사춘기를 거치지 않고 어른이 될 수 없듯이 처음부터 일을 잘할 수는 없다. 하지만 아주 빨리 신속하게 일을 망칠 수는 있다."

글쓰기에 관한 베스트셀러를 연이어 발표한 앤 라모트(Anne Lamott)는 "내가 괜찮은 글을 쓸 수 있는 유일한 길은 정말로 형편없는 초고를 쓰는 것이다."라고 하였습니다. 그 형편없는 초고가 두려워 첫 문장을 써 내려가지 않는다면 글은 완성될 수 없습니다.

"우리 삶에는 두 가지 문이 있습니다. 하나는 기회의 문이고 다른 하나는 안전의 문입니다. 안전의 문으로 들어가면 둘 다 놓치고 말게 됩니다. 물가에서 머뭇거리지만 말고 물속으로 뛰어들어야 합니다. 그것도 머리부터 거꾸로! 위험이 항상 도사리고 있지만 당신을 뛰어오르도록 돕는 친구가 있다면 위험은 별 게 아닙니다."

마크 빅터 한센이 지은 《영혼을 위한 닭고기 수프》에 나오는 이야기입니다.

그런데 "기회의 문"은 늘 '두려움'이라는 문지기가 문을 단단히 지키고 있습니다. 우리가 들어가려 하면 '두려움'이라는 문지기가 큰 몸짓으로 위협을 합니다.

"네가 나를 물리치고 이곳을 통과하여 성공할 수 있다고?"
"얼마나 많은 사람이 나와의 싸움에서 져 고통을 겪고 있는지 네 주변을 보면 잘 알 수 있을 텐데."
"좋은 말로 할 때 안전의 문으로 들어가는 것이 좋을걸."

그러니 "기회의 문"으로 들어가고 싶어도 '두려움'이라는 문지기 때문에 온몸이 떨려 쳐다보기조차 싫게 됩니다. 그리고 택하는 곳이 안전의 문인데 안전의 문으로 들어가면 속박이라는 괴물이 우리를 얽어매어 아무것도 하지를 못하게 만듭니다. 안전함은 부자유의 다른 이름이기도 하기 때문입니다.

그러면 어떻게 기회의 문으로 들어갈 수 있을까요?

시작이 막막한 기회의 문으로 들어가기 전략 중의 하나는 '견본 만들기'입니다. '두려움'이라는 문지기를 무시하고 어색하고 서툴러도 작은 시작을 하는 것입니다. 분리수거로 폐기된 라면 박스를 집어 들고 그 골판지로 엉성한 자기 집을 만들어 보는 것입니다.

영화를 만들기 위해서는 종이 위에 엉성한 스토리 보드를 적어 나가야 하는 것입니다. 그것을 가지고 하나하나 정교한 작업을 해 나가며 만든 것이 우리가 잘 아는 할리우드의 대작들입니다.

그들의 시작이 처음부터 높은 완성도를 가진 것은 절대 아닙니다. 우리가 그렇게 서툴고 어색한 한발을 뗄 때마다 기회의 문을 지키고 있는 '두려움'이라는 문지기는 주춤거리며 뒤로 물러나도록 되어 있습니다.

그래서 '두려움'이라는 문지기는 허수아비입니다.

우리의 마음속에 자리 잡은 두려움은 매우 험상궂게 생겼지만 그 두려움이라는 문지기는 아직 한 사람도 잡아먹은 적도 없고 한 사람도 다치게 한 적도 없습니다. 그냥 모두가 쳐다보고 두려워 뒤돌아 갔을 뿐입니다. 마치 참새가 허수아비를 보고 얼씬도 못 하고 도망

가듯 말입니다.

코로나가 세상을 봉쇄시키고 있습니다. 그리고 그 봉쇄 속에 우리의 많은 친지와 가족이 낙망하고 더 이상 희망이 없다고 말하고 있습니다.

그러나 기회의 문은 늘 열려 있습니다. 오프라인에서 만나지 못하는 대신 온라인은 과거보다 더 북적거리고 있습니다.

컴맹이라 온라인 세계에 뛰어들기가 두렵다고 하는 것은 '두려움'이라는 문지기가 겁주는 말에 넘어가는 것에 불과합니다. 잠깐만 집중하여 시작을 하면 그 시작은 엉성하지만 넘어지고 다시 일어나 또 다른 한 발을 뗄 때마다 기회의 문은 더 크게 열리고 두려움의 문지기는 사라지게 될 것입니다.

두려움을 넘어 기회가 주는 자유를 택할 것인가 아니면 두려움에 속아 안전을 택하여 속박의 노예가 될 것인가는 순전히 우리의 몫임을 기억하는 인생이 되기를 기대합니다.

이것이 우리가 발견해야 할 성공하는 리더의 여섯 번째 한 끗 차이의 태도입니다.
성공하는 리더는 어색하고 서툴러도 '두려움'이라는 문지기가 지키

고 있는 기회의 문을 향해 계속적으로 전진해 나갔음을 기억하시기
바랍니다.

7

큰 것을 바라보는 태도의 차이가
미래를 결정합니다

골리앗 앞에 선 모든 이스라엘 백성이 두려움에 사로잡혀 벌벌 떨고 있습니다. 아무도 이스라엘을 조롱하고 있는 골리앗에게 덤벼들지 못하고 있습니다. 그때 다윗이 자신보다 몇 배는 더 큰 골리앗을 하나님의 이름으로 처단하려 나서자 주변에 있는 사람들이 말을 합니다.

"그는 너무나 커서 너의 적수가 되지 못한다(too big to hit)."

그러자 다윗이 말을 합니다.
"그는 너무나 커서 나의 물 맷돌이 빗나가지 않을 것이다(too big to miss)."

결과는 모두가 알다시피 다윗은 골리앗의 정수리에 물 맷돌을 명중시켜 하나님을 모욕한 이방의 거인 골리앗을 그 자리에서 죽게 합니다.

"too big to hit"과 "too big to miss"는 단어의 나열로 바라보면 차이가 거의 없습니다. 그러나 문맥을 보면 그 차이는 엄청납니다.

이것이 큰 것을 바라보는 태도의 차이를 만듭니다. 거대하고 두려운 도전 앞에 우리가 가져야 할 태도를 함축하고 있는 말인 것입니다. 큰 것을 보고 반응하는 태도의 차이가 승패를 좌우합니다.

모두가 큰 것을 보고 두려움을 택하였을 때 다윗은 큰 것을 보고 자신의 물 맷돌이 맞을 수밖에 없다며 절대 긍정을 보였던 것입니다. 그런 그가 담대하게 골리앗에 맞서 정면으로 맞닥뜨렸을 때 그의 용기와 자신감은 정교한 정밀함을 갖게 합니다. 그래서 다윗의 맷돌은 정확히 골리앗의 정수리에 맞았고 골리앗은 즉사하게 되었던 것입니다.

코로나 등 세상의 도전은 지금 이 시간도 우리에게 엄청나게 큰 두려움으로 다가오고 있습니다. 그러나 절대로 두려움을 택하지 마십시오.

온 지구촌을 뒤덮고 있는 이 거대한 코로나는 두려움과 도피의 대상이 아닙니다. 그 큰 존재로 말미암아 그것을 돌파할 우리의 어떤 시도와 물 맷돌도 절대 빗나갈 수 없음을 믿는 절대 긍정을 택하시기 바랍니다.

기억하십시오! 큰 위협은 필경 큰 기회를 제공한다는 것을 말입니다.

이것이 우리가 발견해야 할 성공하는 리더의 일곱 번째 한 끗 차이의 태도입니다.

성공하는 리더는 도전이 크고 넓기에 우리의 어떤 시도도 먹혀들어 갈 수밖에 없음을 믿고 담대하게 전진해 나갔음을 기억하시기 바랍니다.

8

72시간 이내에
실행하기

1990년대 초반 제가 한국 대기업의 현지 주재원으로 홍콩에서 근무하던 시절의 이야기입니다. 당시 막 인터넷이 활성화되기 시작한 무렵이었고 인터넷을 이용한 비즈니스가 무엇이 있을까 탐색하던 초창기 시절이었습니다.

저는 당시 인터넷으로 책을 파는 것은 매우 실현 가능성이 높은 비즈니스가 될 것이라고 생각했습니다. 책은 오프라인 서점에서 읽어 보고 구매를 결심하는 것이나 온라인상에서 훑어 보고 구매를 결심하는 것이나 구매 결정 과정에 차이가 없을 것이라는 판단이 섰기 때문입니다.

그러나 저는 인터넷을 통한 서점 비즈니스를 행하기로 결심하지 않았습니다. 이유는 당시 제가 근무하던 기업의 급여 수준이나 복리후생 그리고 안정성 등이 주는 편익과 이익 등을 포기하기에는 너무 아까웠기 때문입니다. 저는 미래의 불확실한 성공 때문에 현재의 기득권을 포기하고 싶지 않았던 것입니다.

그러나 당시 비슷한 시기에 미국에서 인터넷 서점을 시작한 사람이 있었습니다. 다름 아닌 아마존의 창업자 제프 베이조스입니다.

제가 당시 인터넷 서점을 열었다면 아마존만큼 성장했을 거라는 엉뚱한 상상을 하는 것은 아니지만 당시 생각을 행동에 옮긴 사람과 행동 없이 생각만 하고 있었던 사람의 차이는 우리의 생각보다 매우 큽니다.

72시간의 법칙이라는 것이 있습니다.
미국의 한 연구기관의 조사에 따르면 우리가 우리의 머릿속에 어떤 생각이나 계획을 하고 그에 큰 감동을 받았다 하더라도 이를 72시간 내에 실행하지 않는다면 우리가 가진 생각이나 계획이 실행되는 경우는 거의 없다고 합니다.

좀 더 구체적으로 살펴보면 자신의 생각과 계획을 72시간이 지난 후 실행으로 옮기는 경우는 1% 미만이라는 것입니다. 72시간이 지나면 아무리 좋은 계획이나 아이디어도 실행될 확률이 1% 미만이라는 것이 이 연구가 주는 교훈입니다. 그런 만큼 우리의 머릿속에 떠올린 아이디어나 결심 혹은 해야 할 일들을 72시간 내에 실행하는 것은 매우 중요합니다.

예를 들어 좋은 강의를 듣고 삶의 태도를 바꾸기로 생각하였다면 즉시 실행에 옮기는 것이 중요합니다. 72시간이 지나면 그 결심은 유야무야되고 우리를 결심으로 이끌었던 감동도 사라져 버리고 다시 옛 모습의 그대로 존재하게 되는 것입니다. 작심삼일이라는 말은 허튼 이야기가 아닙니다.

감동을 받고 실행에 옮기기 위해 좀 더 완벽하게 준비를 한다고 하다가 시기를 놓치고 감동과 결심은 사라지고 마는 경우를 많이 보게 됩니다. 실제로 완전하게 무엇을 하는 것보다 서투르고 엉망이라도 우선 첫발을 떼는 것이 더 중요합니다. 그 첫발이 다음 행동의 개선을 약속하지, 첫발이 없으면 다음의 개선은 고사하고 시작조차 하지 못하는 경우가 대부분입니다.

코로나 시대를 맞이하여 언택트(Untact: 비대면) 사회를 극복하기 위해 디지털 콘택트(Digital Contact)로 온택트(Ontact) 해야겠다고 결심이 섰다면 당장 디지털 콘택트에 관련된 책이나 강의를 신청하고 듣는 것이 중요합니다. 전체적인 그림을 다 그려 놓고 그 구도에 맞게 하려다가 72시간이 지나면 아무것도 하지 않게 됩니다.

코로나가 세상을 온통 바꾸어 놓았습니다. 그런데 아직도 디지털 콘택트가 무엇인지 모르거나 외면하는 경우를 많이 보게 됩니다. 몰라서 못하는 경우도 있고 자신과 관련이 없다고 생각하는 경우도 있을 테고 또 막연히 어떻게 되겠지 하는 근거 없는 자신감 때문일 수도 있지만 코로나는 지나가도 비대면과 디지털 콘택트의 방향성은 쉽게 가라앉지 않을 것이라는 의견이 전문가의 지배적인 평가입니다.

그렇다면 지금은 비대면 사회를 향한 무엇인가를 행동에 옮길 때이지 망설이고 있을 때는 아니라는 것입니다. 특히 그 마음이 생겼다면 72시간 이내에 행동을 옮기는 것이 매우 중요하다는 것이 미국 연구기관의 주장이고 오래 전 저의 경험에서 나온 깨달음이기도 한 것입니다.

성공하는 사람들은 행동을 하고 실패하는 사람들은 생각을 합니다. 마음에 감동이 왔다면 우선 행동을 하고 하나하나 보완하는 것이 좋습니다.

참으로 어려운 시기이지만 이 시기를 극복할 수 있는 것은 행동입니다.
두려움과 나약함에서 벗어나기 위해서는 일어나 싸워야 합니다.
행동을 해야 합니다.

좌절함에서 일어나 신발 끈을 고쳐 매고 마음의 감동에 따라 행동을 할 때 우리 앞에 있는 장애물은 사라지고 우리가 가는 길은 대로가 될 것입니다.

이것이 우리가 발견해야 할 성공하는 리더의 여덟 번째 한 끗 차이의 태도입니다.

성공하는 리더는 좋은 아이디어가 떠오르면 72시간 내에 행동합니다.

무적함대를 물리친
엘리자베스 여왕의 선행 주도

9

스페인은 1492년 콜럼버스를 통한 신대륙 발견의 결과, 신대륙으로부터 들어오는 막대한 부를 바탕으로 국가의 전성기를 맞이합니다. 스페인은 자신들의 주요 물자가 들어오는 해상 교역로를 보호하고 장악하기 위해 막강한 해군력을 키워 나갔습니다. 말 그대로 스페인은 무적함대를 거느리게 된 것입니다.

그러나 스페인의 국왕 펠리페 2세의 통치 후반기에 이르러 해상무역에서 영국이 빠른 속도로 스페인을 위협하기 시작하자 이를 무력화하기 위해 스페인은 영국을 정벌하기로 결정합니다.

스페인은 전함 127척, 수병 8,000명, 육군 1만 9,000명, 대포 2,000문을 포함한 막강한 함대를 만들고 1588년 5월 28일 포르투갈의 리스본에서 출발합니다. 이 스페인의 대함대는 네덜란드 육군 1만 8,000명과 합류하여 영국 본토에 상륙할 예정이었습니다.

이에 대응하여 영국의 엘리자베스 1세 여왕은 전함 80척, 병력 8,000명으로 스페인과 마주 섰습니다. 모두가 스페인의 승리를 장담하던 이 전쟁에서 영국 함대는 전력의 열세를 극복하고 뛰어난 기동력을 바탕으로 플리머스 연해에서 스페인의 무적함대에 큰 타격을 가하게 됩니다.

그리고 1588년 8월 7일 스페인 원정대는 칼레 연해에서 영국군의 화공에 의한 야간 습격으로 결정적 타격을 받아 54척의 함정만 간신히 스페인으로 돌아갔습니다. 이 무적함대의 패배는 스페인(에스파냐)의 해상 무역권을 영국이 차지하는 계기가 되었을 뿐만 아니라 네덜란드가 독립하는 계기가 되었습니다.

GE의 유명한 전임 CEO 잭 웰치는 에이브러햄 링컨 대통령이 한 말을 인용하면서 다음과 같은 말을 하였습니다.

"You have to change yourself before you force to be changed.(당신은 외부의 환경에 의해 강제적으로 변화되기 전에 먼저 스스로 변화되어야 한다.)"

외부 환경 때문에 어려움을 겪거나 기업이 적자가 발생하는 경우 혹은 개인적인 어려움이 발생하는 경우에 급진적 개혁이나 변화를 요구하는 것은 정당화하기도 쉽고 모두의 의견을 모아 해결책을 만들기 쉽습니다.

그러나 상황이 좋은 상태에서 변화를 요구하는 것은 매우 어렵습니다. 잭 웰치 전 GE 회장을 높게 평가하는 이유도 거기에 있습니다. 겉으로 보기에 잘나가는 것 같은 조직을 선행적으로 주도하여 (Anticipatory Initiative) 조직을 일신하고 성과를 극대화시켜 나갔기 때문입니다.

스페인의 경우도 마찬가지였습니다. 스페인의 무적함대는 말 그대로 대적할 상대가 없는 무적함대였습니다. 전 세계 어느 누구도 스페인에 도전할 상대가 없었습니다. 스페인은 막강한 해군력과 부를 바탕으로 대서양을 장악하였고 그들은 변화의 필요성을 느끼지 못하였습니다.

그들의 해상전투 전술은 큰 갑판을 상대방 배에 올려놓고 막강한 군사력을 상대 배에 침투시켜 격멸하는 방식이었습니다. 다른 나라가 이를 따르지 못한 것은 거대한 함정의 건조 능력이 따라주지 못했기 때문이었습니다.

스페인에 대항하는 영국의 상황도 다르지는 않았습니다. 큰 함정의 건조 능력도 군대의 숫자도 국방 예산도 모두 부족하였지만 영국은 스페인의 생각대로 전쟁을 치를 생각이 전혀 없었습니다. 영국의 작은 배로는 많은 병력을 배에 태울 수도 없었고 동원할 병력도 부족하였기에 대신 작은 배가 누릴 수 있는 장점인 빠른 속도의 강점을 살릴 전술을 개발합니다.

배를 크게 만드는 대신 영국은 긴 사거리와 정확도가 높은 대포를 개발합니다. 스페인 함대가 영국 배에 접근하여 갑판을 내리기 전에 정확도가 높고 사거리가 긴 대포를 이용하여 타격을 가한 후 작은 배의 장점을 살려 빠른 속도로 도망을 하는 것입니다. 지금의 용어로 말하자면 치고 빠지기 작전인 것입니다.

큰 배와 많은 병력을 자랑하던 스페인의 무적함대는 그 크기와 둔탁함 그리고 많은 병력으로 인한 무게 때문에 속도를 올려 영국 함선을 추격하기 어려웠기 때문에 번번이 영국과의 전투에서 패배를 하게 되었고 결국 스페인의 무적함대와 스페인의 해상장악 패권은 영국으로 넘어가게 된 것입니다.

스페인은 그들의 강점, 즉 신대륙으로부터 들어오는 풍부한 부와 막강한 군사력 그리고 함선 건조 기술에 안주하여 변화를 시도할 생각을 하지 못하였고 북대서양의 작은 섬나라 영국은 생존을 위해 혁명적 변화를 시도한 결과 해가 지지 않는 나라의 위용을 갖추게 된 것입니다.

지금의 상황은 분명히 위기상황입니다. 그러나 그 위기가 우리를 변화하게 한다면 그것은 축복이 될 수 있습니다.

사실 지금 우리가 맞이하고 있는 모든 위기는 국가적으로나 개인과 조직 모두가 선행적으로 변화에 능동적으로 대처하지 못한 결과입니다.

그러나 이제라도 변화하면 됩니다.

단순히 위기에 대한 대응이 아니라 세상이 어떻게 변하고 있는지 분별하고 그 대책을 세운다면 우리나라도 해가 지지 않는 나라가 될 수 있습니다. 그러나 이것을 일시적 현상으로 치부하고 단순히 코로나의 위기 모면을 위한 근시안적인 대응만을 한다면 우리도 스페인의 무적함대 꼴이 될 수 있습니다.

일어납시다.
시대를 분별합시다.
그리고 능동적으로 변화합시다.

그때 우리나라는 해가 지지 않는 나라가 되고 우리는 일어나 빛을 발하는 개인이 될 것입니다.

　이것이 우리가 발견해야 할 성공하는 리더의 아홉 번째 한 끗 차이
의 태도입니다.
　성공하는 리더는 가장 좋은 전성기에 선행 주도적으로 미래를 대
비하였음을 기억해야 합니다.

10

누구나 쉽게 따라 할 수 있는
트와일라 타프와 아문센의 성공 비결

트와일라 타프(Twyla Tharp)는 세계적인 현대 무용가이자 안무가입니다. 그녀는 영화《아마데우스》와《백야》등의 작품에서 안무 총괄을 하였으며 2003년에 토니상을 수상하기도 하였습니다. 미국 태생의 현대 무용가이자 안무가로서 시대를 앞서는 창의적인 작품인《막다른 골목》,《우리가 아주 젊었던 시절》등을 만든 탁월한 크리에이터 중의 한 명입니다.

그녀는 댄스와 뮤지컬을 혼합하거나 다른 예술 장르와 교류를 통해 발레와 재즈 테크닉을 결합하는 등 독특한 스타일을 만들어 낸 거장으로 평가받고 있는 인물입니다.

기자가 그녀에게 질문을 하였습니다.

"당신이 정상에 오른 비결은 무엇인가요?"

　기자의 질문에 한 점 망설임도 없이 튀어나온 그녀의 대답이 매우
의외입니다.
　"아침 5시 반, 옐로캡(택시)의 문을 여는 순간이에요!"

　그리고 그녀는 대답을 이어갑니다.
　"나라고 왜 더 자고 싶지 않겠어요? 그렇지만 나는 무조건 일어납
니다. 예약이 된 택시가 매일 그 시간에 집 앞에 와 기다리고 있기
때문이죠. 아무리 피곤하고 몸이 힘들어도 일단 방문을 걷어차고 집
을 나가서 택시 안에 앉고 나면 나는 다시 침대로 돌아갈 수 없어요.
택시는 나를 무용 연습실로 데려다 줄 것이고 나는 어쩔 수 없이 몸
을 움직여 연습을 시작합니다."

　타프에게 옐로캡(택시)의 문을 여는 것은 단순히 택시를 타기 위
한 행위가 아닙니다. 자신의 몸에 발동을 걸어 자기 인생을 깨어나
게 하는 숭고한 의식이었던 것입니다. 그 짧은 순간이 수만 시간의
연습을 통해 세계적 거장으로 만들어낸 기적의 순간이 된 것입니다.
그녀가 택시의 문을 여는 그 순간은 연습을 게을리할 온갖 변명과
이유로부터 자신을 탈출시키는 마법의 순간이기도 하였던 것입니
다.

1910년 남극점을 향하여 두 명의 탐험가가 길을 나섭니다. 노르웨이의 로알 아문센과 영국의 로버트 팰컨 스콧이 바로 그 두 사람입니다. 당시 세계 최고 강대국으로 해가 지지 않는 나라 영국과 유럽의 최빈국 노르웨이의 자존심 대결이 시작되었습니다.

영국의 스콧 팀은 막대한 자금, 최첨단 장비, 풍부한 식량 그리고 각 분야의 전문가로 구성된 17명의 막강한 팀이었고, 노르웨이의 아문센 팀은 고작 5명의 팀원에 부실한 장비와 부족한 식량 문제를 해결하기 위해 현지에서 식량을 조달하여 생존한다는 해결책 같지 않은 해결책을 가지고 탐험에 출발합니다.

당시의 모든 사람들은 영국의 스콧 팀이 승리할 것으로 확신하고 있었지만 결과는 노르웨이의 아문센 팀이 1911년 12월 14일에 먼저 남극점에 도착합니다. 그리고 그보다 1달 늦게 도착한 영국의 스콧 팀은 귀환 도중 팀원 모두가 사망하는 안타까운 상황이 되고 말았습니다.

무엇이 이들의 운명을 갈라놓았을까요?
그것은 매우 단순한 것이었는데 바로 원칙 준수라는 태도의 차이입니다.

영국의 스콧 팀은 풍부한 자원과 식량을 보유하고 있었으므로 날

씨가 좋으면 많이 전진하고 날씨가 나쁘면 며칠이고 텐트에서 대기하는 전략을 택하였고, 반면 노르웨이의 아문센 팀은 제한된 자원과 식량으로 날씨와 관계없이 매일 20마일을 전진한다는 원칙을 세우고 꾸준히 실천한 것이었습니다. 지속적인 원칙의 준수라는 태도의 차이가 이들의 운명을 갈라놓은 것입니다.

이 격변의 시대에 변치 않는 승리의 길은 무엇일까요?
그 승리로 가는 길 중의 하나가 바로 원칙 준수라는 태도가 될 수 있습니다.

이제부터 아침 일찍 일어나 공부를 하기로 결정하셨나요?
그렇다면 그것을 시행하기 위한 주도적 결정권을 행사하십시오.
일단 이불을 걷어차고 나와 이를 닦고 독서실로 가는 길로 접어드십시오.

새로운 비즈니스와 사역을 하기로 결심하셨습니까?
원대한 꿈과 비전도 중요하지만 그 꿈과 비전을 시행할 실천 목표가 더 중요합니다.

사업에 성공하고자 하는 사람은 성공한 사람의 비전을 흉내 내지 말고 성공한 사람의 태도를 따라야 합니다. 성공과 승리는 태도가 만들지 비전이 만들지 않습니다.

트와일라 타프와 아문센은 새로운 길을 개척하겠다는 원대한 목표를 세우고 그 비전을 실행할 한 가지 원칙, 자신의 목표를 향한 태도에 대해 철저하게 주도적인 삶을 살아왔습니다.

그런 주도적 삶의 태도가 우리의 삶을 바꿉니다. 태도가 인생을 바꾸는 기본 원칙을 깨닫는 우리 모두가 되기를 소망합니다.

이것이 우리가 발견해야 할 성공하는 리더의 열 번째 한 끗 차이의 태도입니다.

성공하는 리더는 자신의 목표를 향한 태도에 대해 철저하게 주도적인 삶을 살아왔음을 기억하기 바랍니다.

11

실수면허장이
발급되었습니다

세계 최대 규모 가구 회사 IKEA(이케아)에는 독특한 자신들만의 문화가 있습니다. 그것은 바로 실수면허장이라는 문화입니다.

이케아 직원들은 누구든지 공평하게 의견을 내고 행동합니다. 그 생각이나 행동이 실패하더라도 누구도 뭐라고 할 수 없고 결코 실수에 대해 질타하지 않습니다. 즉 모든 직원에게 실수할 수 있는 자격을 부여한 것입니다. 실수면허장이 있다면 생각을 하거나 의견을 제시하거나 행동을 하는 데 두려움이 사라질 것입니다.

이러한 문화는 이케아의 창립자 잉바르 캄프라드에 의해 시작되었습니다. 그는 실수할까 봐 두려워하는 것이 모든 발전의 적이라고 생각했습니다. 오히려 실수가 배우고 발전할 수 있는 건설적인 방법이라고 믿었습니다.

무언가를 시도해 보기 전에는 누구도 그것이 100% 정답이라고 확신할 수 없습니다. 그 때문에 결정의 옳고 그름을 판단할 수 있는 유일한 길은 오로지 행동뿐입니다.

확신이 드는 아이디어도 추진하지 않으면 무용지물이며 망설여지는 아이디어도 잘 추진하면 정답이 될 수 있습니다. 그래서 우리는 추진을 망설이게 하는 실수에 대한 두려움을 떨쳐 내야만 하는 것입니다.

이러한 신념을 바탕으로 이케아는 도전할 수 있는 회사, 남들과 다른 것을 시도할 수 있는 회사가 되었고 매출 40조가 넘는 세계적인 가구 회사가 되었던 것입니다.

행동하지 않으면 실수도 없습니다. 그리고 말 그대로 실수는 실수일 뿐입니다. 실수를 조금 가볍게 생각해 보면 어떨까요?

"실수를 한다는 것은 행동하는 자의 권리이다."라고 캄프라는 말합니다.
윈스턴 처칠도 "뭔가 배울 수 있는 실수들은 가능하면 일찍 저질러 보는 것이 이득"이란 명언을 남겼습니다.

우리 모두 내일은 더 좋은 실수를 하기를 기대합니다. 그리고 사랑하는 가족에게, 정다운 친구에게, 동고동락하는 동료에게도 기대를 듬뿍 담아 실수면허장을 발급해 보시기 바랍니다.

실수를 할까 봐 두려워하는 것은 관료주의의 폐단이고, 모든 발전의 적입니다. 너무 위축될 필요는 없습니다. 산다는 것이 어차피 끊임없는 실수와 후회, 다짐의 연속 아니던가요?

여기 시각을 바꾸어 보는 10가지 제안이 있습니다.
1) 우리는 그것을 절대로 할 수 없을 것이다.
　　→ 그것은 시도할 만한 가치가 있다!
2) 그것은 이루어지지 않을 것이다.
　　→ 우리는 그것을 해낼 수 있고 해낼 것이다!
3) 그것은 전에 해본 적이 없다.
　　→ 우리가 처음으로 할 수 있는 기회를 가졌다!
4) 그것이 실패한다면 어떻게 될까?
　　→ 그것을 시도조차 하지 않는다면 어떻게 될까?
5) 우리는 가진 돈이 없다.
　　→ 넉넉한 생각이 돈을 뛰어넘을 수 있다!
6) 우리는 시간이 없다.
　　→ 우리 일의 우선순위를 재조정할 수 있다!
7) 우리는 전문적 지식이 없다.

→ 모든 지도자는 배우는 사람이다!

8) 전에 시도된 적이 없다.

→ 언제나 개선될 여지가 있다. 우리는 생각보다 현명하다.

9) 그것을 하는 데에는 많은 문제가 따른다.

→ 문제보다 해결될 가능성들을 생각하자!

10) 그 일은 끝이 보이지 않는다.

→ 다른 각도에서 한 번 더 쳐다보고 한 번 더 노력해 보자!

관점을 바꾸고 생각을 바꾸고자 하는 의지가 있다면 무엇이든지 할 수 있습니다.

이것이 우리가 발견해야 할 성공하는 리더의 열한 번째 한 끗 차이의 태도입니다.

성공하는 리더는 실수는 행동하는 자의 특권이라는 분명한 태도를 가지며 적극적인 삶을 살아왔음을 기억하기 바랍니다.

12

운명 공동체로
승부수를 띄우십시오

미국에서 흑인 노예가 합법화되던 시절 매우 반항적인 노예 프레드릭 더글라스라는 사람이 있었습니다. 프레드릭을 맘대로 다루기가 힘들자 이 노예의 주인은 당시 노예들에게 매우 잔인하기로 소문난 흑인 노예 조련사 잭슨에게 길들이기를 의뢰합니다.

잭슨은 프레드릭을 보자마자 잡아 패기 시작하였습니다. 매우 반항적인 프레드릭이었지만 붙잡아 매어 놓고 죽기 직전까지 채찍질하며 잡아 패는 데는 재간이 없었습니다. 궁지에 몰린 프레드릭은 꾀를 내어 마구간으로 조련사 잭슨을 부른 후 앙갚음이라도 하듯 잭슨을 흠씬 패주고 맙니다.

흑인 노예가 노예 조련사를 흠씬 두들겨 주었으니 그는 죽은 목숨이나 다름없었습니다. 당시 흑인 노예는 사람 취급을 받지 못하였으니까요. 그런데 프레드릭은 살아나 노예 해방 후에 흑인 인권운동가로 활동하였습니다. 어떻게 이런 일이 벌어졌을까요?

잭슨은 자신이 두들겨 맞은 일을 발설할 수 없었습니다. 그랬다간 자신의 명성에 치명적 결점이 되고 노예 조련사라는 사업을 접을 수밖에 없으니까요. 그렇다고 고객의 상품인 노예를 죽일 수도 없지요. 고객의 상품을 관리하지 못하는 불량 사업자가 되는 꼴이니까요.

프레드릭은 자신의 운명을 상대방(잭슨)의 운명과 함께 묶어 놓는 승부수를 띄웠고 한배에 타게 된 잭슨은 그 연결고리를 끊기 위해 프레드릭을 놓아줄 수밖에 없었던 것입니다.

루이 11세 옆에는 운명을 꿰뚫어 보는 유능한 점성술사가 있었습니다. 하루는 왕비가 보름 내에 죽는다는 충격적인 예언을 해 왕의 미움을 샀습니다. 이 예언을 믿을 수도, 안 믿을 수도 없었던 왕의 고민을 눈치챈 대신들이 그를 죽여야 한다고 말했습니다.

왕은 점성술사를 궁지에 빠뜨리기 위해 점성술사에게 다음과 같은 질문을 던졌습니다.
"그대는 일평생 남의 운명을 점쳐 왔는데, 이제 자신의 운명을 점쳐 보라. 그대는 죽을 것인가 아니면 살아날 것인가?"

그러자 그는 이렇게 대답했습니다.
"폐하, 저는 폐하가 돌아가시기 사흘 전에 죽습니다."

결국 왕의 점성술사는 살아났습니다. 왕이 죽기 3일 전까지는 살수밖에 없는 안전장치를 만들어 놓은 것입니다.

만일 우리가 이런 상황에 봉착했다면 우리는 아마도 잘못했다고 애걸하며 자신의 예언에 대한 해명과 함께 목숨을 구걸했을 것입니다. 그리고는 명예도 떨어지고 목숨도 사라지는 운명을 맞이하겠지요.

그러나 점성술사는 자신의 감정을 완전히 통제하고 당당하고 정확하게 상대의 운명과 자신의 운명을 엮어 상황을 주도해 나갔습니다.

때때로 우리는 궁지에 몰려 최악의 위기에 봉착할 때가 있습니다. 그리고 우리는 그것이 끝이라고 생각하고 포기하거나 동정을 유발하는 행동을 시도하기도 합니다.

그러나 위의 사례는 최악의 경우에도 포기하지 말아야 한다는 것을, 그리고 마지막 남은 자신의 히든카드를 잘 활용하여 운명을 개척해야 한다는 것을 보여주고 있습니다.

그러나 우리는 프레드릭이나 점성술사처럼 똑똑하지 못하고 아둔하고 미련하여 이러한 절묘한 묘수를 찾을 수가 없다고 또다시 절망한다면 매우 간단한 승부수를 소개합니다.

그건 바로 '예.수.님'입니다.
우리의 안타까움과 좌절 그리고 절망과 슬픔, 고통을 모두 아시는 예수님은 우리가 그를 불러 주기를 항상 우리 옆에서 기다리고 있습니다.

상황이 어려우신가요?
모든 것이 힘이 든다고요?
견디는 것이 더 고통스럽고 앞이 캄캄합니까?
어느 누구도 도움이 안 되고 모든 나의 방책은 소용이 없다고요?

그렇다면 조용히 예수님을 불러보시기 바랍니다. 그러면 그의 능력과 평강이 우리를 감싸고 우리를 도와주실 것입니다. 예수님이 주시는 능력 안에서 우리의 모든 어려움이 해결되는 나날이 되시기를 소망합니다.

이것이 우리가 발견해야 할 성공하는 리더의 열두 번째 한 끗 차이의 태도입니다.

성공하는 리더는 예수님과 함께 운명 공동체를 만들어 가는 태도를 가지며 적극적인 삶을 살아왔음을 기억하기 바랍니다.

13

좌절할지라도
계속 꿈을 꾸십시오

평화스럽게 꿈을 키우며 살아가던 여자아이에게 갑작스럽게 찾아온 2차 세계대전은 배고픔을 모르고 자란 귀족의 딸을 한순간에 풀뿌리를 뜯어 먹는 어린 거지로 만들었습니다. 전쟁 중인 네덜란드에서 나치의 점령 아래 굶주림과 박해 속에 살아남은 게 기적이었던 이 여자아이는 훗날 놀랍게도 세상에서 가장 사랑받는 여자가 됩니다.

그리고 그녀는 누구도 몰랐던 자신의 역경을 아들에게 편지로 남기기로 작정합니다.

아들아, 전쟁은 내 삶을 송두리째 바꾸어 놓았단다. 나의 꿈은 발레리나였다. 발레리나가 되어 무대에서 춤을 추고 싶었지만 저 끔찍한 2차 세계

대전이라는 전쟁은 발레리나가 되려는 나의 꿈을 사치로 만들어 버렸다. 그리고 전쟁이 끝났을 때 나는 영원히 발레를 할 수 없는 몸이 되었다.

나는 이 지독한 전쟁의 후유증으로 천식과 황달, 관절염, 자궁내막증, 빈혈을 얻었고 그 고통은 끝나지 않고 나를 계속 괴롭히고 있었다. 분명히 전쟁은 끝이 났는데 내 삶은 계속 전쟁 중이었다.

그 후 새로 꾸게 된 배우라는 꿈을 소중하게 키워 나갔단다. 이국적인 외모와 유달리 큰 키 때문에 나에게 오는 배역은 적었지만 연기를 할 수 있는 것 자체만으로도 나는 너무나 행복했다.

그러던 나에게 기회가 우연하게 찾아왔단다.
영화 제작비가 부족했던 감독이 별 대안이 없어 어쩔 수 없이 나를 캐스팅한 거야. 그런데 그 캐스팅은 감독과 내가 전혀 예상하지 못했던 기적과 같은 일을 만들어 놓고 말았단다. 영화가 개봉되고 며칠 후 내가 집을 나서는데 내 주위의 사람들이 나를 보고 소스라치게 소리치며 놀랐단다.

"오드리 헵번이다! 로마의 휴일에 나오는 여 주인공 오드리 헵번이다!"
그때에 비로소 평생 나를 따라다니며 괴롭히던 나의 전쟁이 끝이 났단다.

아들아, 삶은 항상 좌절을 준단다.
때로는 우리의 꿈을 포기해야 할 상황에 이르게 만들기도 하지만 그때마다 기억해 주지 않겠니? 삶은 우리의 꿈을 좌절시킬 만한 힘을 가지고 있지만 그러나 그 힘은 딱 거기까지일 뿐이란다. 우리를 좌절시키려는 그 힘은 다시 한번 해보려는 우리의 마음까지는 어떻게 하지 못한다는 것을 반드시 기억하기 바란다.

그러니 좌절할지라도 계속 꿈을 꾸어라!
세상과 인생은 변덕이 심해서 이유 없이 모든 것을 빼앗아 가기도 하지만 포기하지 않는 자에게는 또다시 기회를 주니까 말이다.

20세기 가장 아름다운 여배우 오드리 헵번의 삶은 영화 속에서뿐만 아니라 실제로도 아름다웠습니다. 그녀는 굶주렸던 자신의 과거를 잊지 않고 63세에 암으로 숨을 거두기까지 봉사와 헌신의 삶을 살았으며 그녀의 자손들은 여전히 그녀의 정신과 뜻을 본받아 자선사업을 이어가고 있습니다.

그녀의 자선도 크고 아름다웠지만 그녀가 우리에게 내민 따뜻한 마음 또한 아름답습니다. 그녀는 삶이 우리의 꿈을 좌절시킬 수는 있지만 그러나 그 힘은 딱 거기까지일 뿐이라며 좌절 속에서도 다시 한번 해보려는 마음을 잃지 않고 삶으로 그것을 증명해 내었습니다.

계절적으로 봄이 왔다고 봄이 시작되는 것은 아닙니다. 입춘이 되

없어도 봄을 느끼기에는 둘러싼 모든 환경이 너무나 추울 수 있습니다. 그래도 그 추위를 참고 한 달만 지나면 어김없이 남쪽으로부터 봄꽃이 피었다는 소식이 들려옵니다.

네. 그렇습니다. 우리의 환경이 아무리 어려워도 봄은 오고야 말 것이며 우리가 좌절한다 하더라도 다시 해 보려는 꿈을 우리가 잃지만 않는다면 그 꿈은 오드리 헵번의 로마의 휴일처럼 다가올 것입니다.

그런 봄을 온전히 기대하는 하루가 되시기를 축복합니다.
그런 아름다운 꽃을 온전히 피워내는 꿈과 인생이 되시기를 기도합니다.

이것이 우리가 발견해야 할 성공하는 리더의 열세 번째 한 끗 차이의 태도입니다.
성공하는 리더는 좌절 속에서도 꽃을 피울 수 있음을 아는 태도를 가지며 한 번 더 해보려는 적극적인 삶을 살아왔음을 기억하기 바랍니다.

거듭된 실패의 늪에서 벗어나는 삶의 태도

14

셀리히만은 개를 세 집단으로 나누어 상자에 넣고 전기충격을 가하는 실험을 하였습니다.

제1 집단은 조작기를 누르면 전기충격을 멈출 수 있는 훈련을 시켰으며(도피 집단), 제2 집단은 조작기를 눌러도 전기충격을 피할 수 없고 몸이 묶여 있어 어떠한 대처도 할 수 없는 훈련을 받았습니다(통제 불가능 집단). 제3 집단은 전기충격을 주지 않았습니다(비교 집단).

그 후 이들 세 집단을 다른 상자에 옮겨 놓고 전기충격을 주었습니다. 그러나 앞에서의 상황과 달리 상자의 담을 넘으면 전기충격을 피할 수 있게 설계되어 있었습니다.

실험 결과 도피 훈련을 했던 제1 집단과 전기충격 경험이 없었던 제3 집단은 담을 넘어 전기충격을 피했습니다. 그러나 통제 불가능 집단에서 훈련을 받은 제2 집단은 전기충격이 주어지자 피하려 하지 않고 구석에 웅크리고 앉아 낑낑대며 전기충격을 그대로 받아들이고 있었습니다.

이처럼 피하거나 극복할 수 없는 부정적인 상황에 지속적으로 노출되면서 어떤 시도나 노력을 해도 결과를 바꿀 수 없다고 여기고 상황에 순종하면서 무력해지는 현상을 "학습된 무기력"이라고 합니다.

그러나 우리가 알아야 할 것은 절망적인 상황이라는 것은 없고 다만 절망적인 마음 상태만 있을 뿐이라는 것입니다. 그리고 우리가 좌절에서 버티고 승리할 수 있다면 좌절은 오히려 자기 인생의 소중한 자산이 될 수도 있습니다.

만일 우리가 좌절에서 빠져나오지 못한다면 학습된 무기력으로 인하여 어떤 시도도 하지 않고 그 상황을 극복하기 힘이 들겠지만, 그 절망 속에서도 긍정적인 감정, 즉 기쁨이나 만족감, 자부심 혹은 열정 같은 감정을 수시로 더 많이 느끼려고 시도한다면 절망적 상황이 주는 수동적이고 체념적인 마음 상태를 부술 수도 있습니다.

미국 해병대 장교 콜먼 미첼은 비행 사고로 65% 이상의 피부에 전신 화상을 입고 16번이나 수술을 받아야 했습니다. 그 화상으로 인하여 수술을 받은 이후에도 그는 포크를 들 수도 전화도 받을 수도 없었고 혼자서 화장실조차 갈 수 없었습니다.

하지만 이런 좌절의 상황에서 그는 절망에 빠지지 않았고 병원에서 퇴원하자마자 재활 훈련을 계속했습니다. 그리고 놀랍게도 그는 6개월 후 다시 비행기를 조종할 수 있게 되었습니다.

그러나 4년 후 비행기가 다시 활주로로 추락하는 사고가 발생하여 12개의 척추뼈가 부서지고 허리 아래는 모두 못 쓰는 반신불수가 되었습니다. 하지만 그는 또 버텨냈고 퇴원 후 이렇게 말했습니다.

"나는 내 인생의 배를 완전히 통제할 수 있고 한 걸음 물러서거나 앞서거나 새로 시작하거나 어떤 상황이 되었든 거기에 종속되지 않을 자신이 있습니다."

수년간의 꾸준한 재활 노력 끝에 미첼은 콜로라도 주의 한 마을의 리더가 되었습니다. 그는 마을을 위해 마을의 아름다운 경치와 환경을 보호했고 과도한 채굴로 광산이 무너지지 않도록 조절하였습니다.

그후 국회의원에 출마하기도 한 미첼은 화상 입은 얼굴이 수치는 아니라며 자신의 얼굴을 공개하는 등 자신의 망가진 얼굴을 대중이 사랑하는 얼굴로 만들어 나갔습니다. 막다른 상황이 닥쳐도 그는 절대로 절망하거나 포기하지 않았습니다.

성공을 하려면 실패에 직면하는 법도 배워야 합니다. 그리고 실패는 결코 약자를 배려하지도 않습니다. 만일 우리에게 단단한 의지력이 없다면 우리는 절망에 무너지게 되고 우리는 성공의 빛을 볼 수 없습니다. 학습된 무기력은 우리의 뇌를 절망적 환경에 적응시켜 버립니다.

우리의 뇌는 늘 익숙하고 편안하고 안전한 쪽으로 가려고 하는 경향이 큽니다. 뇌는 심리학적으로 편안하고 안전한 안전지대를 만들려 합니다.

그러기에 성공하기를 원한다면 자신이 만든 안전지대를 떠나 작아도 기억할 수 있는 성취를 찾아야 하고 자신의 장점을 떠올려 보는 등의 방법으로 학습된 무기력에서 벗어나야 합니다. 그렇게 된다면 우리는 성공을 넘어 승리하게 될 것입니다.

코로나로 인하여 모두가 상황이 안 좋습니다. 그러나 상황이 우리를 좌절하게 만들 수는 있어도 우리가 도전하는 새로운 시도까지는 절대 막을 수 없습니다. 우리 모두가 좌절과 절망을 넘어 승리자의 길로 걷게 되기를 소망합니다.

이것이 우리가 발견해야 할 성공하는 리더의 열네 번째 한 끗 차이의 태도입니다.

성공하는 리더는 거듭된 좌절과 학습된 무기력으로부터 탈출하는 법을 아는 태도를 가지며 그것을 넘어서는 삶을 살아왔음을 기억하기 바랍니다.

《 성공하는 리더의 한 끗 차이 》

리더의 생각
따라 하기

거대한 힘과 맞부딪치는 약자가
누릴 수 있는 성공의 비밀

1

일본이 첫 번째 올림픽을 개최하던 1964년 동경올림픽에서 유도는 정식 종목으로 채택되었습니다. 그전까지 유도는 체급별 경기가 아니었습니다. 체급이 높은 선수나 가벼운 선수나 대진에 따라 동일한 조건에서 한판 승부를 벌이는 종목이었습니다.

언뜻 보기에는 불합리한 게임의 규칙처럼 보이지만 유도의 기본전술은 '공격하러 들어오는 선수의 힘을 이용하여 제압하는 것'이기 때문에 굳이 체급을 나눌 필요가 없었기 때문입니다. 그러다 올림픽을 개최하며 메달 욕심이 난 일본이 체급별 경기로 바꾸었다고 합니다.

유도전략(Judo Strategy)이란 '공격하러 들어오는 상대의 힘을 이용하여 제압을 한다'는 말로 우수하고 탁월한 조건을 갖추었다고 반드시 승리하는 것이 아니며 약자도 강자의 힘을 잘 이용하면 승리할 수 있다는 것을 의미합니다.

임진왜란의 승패를 가른 한산대첩, 페르시아의 패권을 그리스로 돌려놓은 살라미스 해전, 이스라엘 사사시대 드보라 선지자가 가나안 민족의 강력한 전차를 앞세운 야빈 왕과의 기손강 전투에서 대승을 거둔 것 등과 같이 역사를 뒤바꾸어 놓은 수많은 전투 중 열세에 있던 세력이 밀고 들어오는 상대의 강한 힘을 이용하여 제압한 경우는 적지 않습니다.

전력이나 능력은 하루아침에 향상되지 않습니다. 그리고 급박하게 몰아치는 작금의 환경은 우리가 능력과 힘을 키울 시간을 주지 않습니다.

곰에 쫓기던 똑똑한 아이가 말을 합니다.
"곰은 우리보다 빠르고 나무도 잘 타기 때문에 우리는 곰보다 빨리 도망칠 수도 나무 위로 피할 수도 없으니 우리는 죽을 수밖에 없어!"

그러나 옆에 있는 아이는 신발 끈을 고쳐 매며 똑똑한 아이에게 말합니다.
"나는 너보다 빨리 뛰면 돼."

곰은 하나의 먹이를 얻으면 더 이상 추격을 하지 않는다는 것을 간파한 것입니다.

세상은 능력도, 힘도, 권력도 없는 우리를 이미 패배자라고 규정하지만 역사는 약하고 힘이 없는 사람도 이길 수 있다고 웅변합니다. 똑똑한 아이는 강자를 보고 지레짐작하고 죽음을 기다리지만 현명한 아이는 상황에 발 빠르게 대처합니다.

몰려오는 거대한 힘에 겁먹고 주저앉으면 죽음과 패배가 기다리고 있지만, 밀고 들어오는 힘에 굴복하지 않고 정면으로 맞서 싸우며 상대의 힘을 이용하여 엎어 치면 승리자가 될 수 있습니다.

거대하고 누구도 돌이킬 수 없는 힘으로 세상이 급박하게 돌아가고 있습니다. 거대한 힘이 몰려오고 있습니다.

많은 사람이 이야기합니다. 세상의 흐름이 너무 빠르고 어려운 말들이 많아 뭐가 뭔지 몰라 아예 신경을 끄고 산다고요. 혹자는 그것은 자기의 삶과 직접적인 관계가 없다고도 합니다.

그러나 우리가 원하든 원치 않든 세상의 흐름은 우리를 새로운 방향으로 몰아가고 있습니다. 그러다 어느 순간 정신을 차려보면 자기도 전혀 알지 못하는 곳에 이르게 되고 급기야 완전히 포기하게 되는 것이 작금의 현실입니다.

그러나 지혜가 있는 사람은 통찰력으로 시대를 읽으며 그 거대한 물결 속으로 거침없이 들어갑니다. 세상이 만만치 않은 힘으로 우리를 집어삼키려 하지만 우리는 그곳에서 버티며 견디어 내야 합니다. 그리고 다가오는 거대한 힘을 이용해 엎어 치기를 해야 합니다.

유도전략을 펼칠 수 있는 사람은 거대한 힘과 맞부딪치는 사람이며, 거대한 힘을 피하는 사람은 절대 유도전략을 사용할 수 없습니다.

부딪치는 사람만이 승리자가 될 자격이 주어지는 것입니다. 부딪치는 사람이 골리앗을 이길 수 있고, 수많은 왜선을 격침시킬 수 있으며, 살라미스 해전의 주인공이 될 수 있습니다.

지금 이런 위기의 상황에서 우리가 할 수 있는 최선은 거대한 힘 앞에 포기하고 도망치는 것이 아니라 그 힘을 이용하는 지혜를 가지는 것입니다. 평소에는 실력을 쌓기 위해 끊임없이 노력해야 하지만 갑자기 닥치는 위기 앞에서는 엎어 치는 순간의 지혜를 발휘해야 합니다.

세상은 강자만 승리하는 곳이 아닙니다. 연약한 우리도 승리할 수 있기에 세상은 살맛 나는 곳입니다. 그리고 하늘도 스스로 돕는 자를 돕는다는 것을 알고 있다면 세상은 더더욱 살맛 나는 곳이 될 것이며 최후의 승리자는 우리라는 것을 확증하며 선언하는 우리 모두가 되기를 기대합니다.

이것이 우리가 따라 해야 할 성공하는 리더의 첫 번째 한 끗 차이의 생각입니다.

성공하는 리더는 강자의 힘을 이용하여 엎어 치기를 하면 승리할 수 있다는 생각을 가진 사람입니다.

자신의 무지를
발견하십시오

2

《사피엔스》의 저자 유발 하라리는 아이들에게 가르쳐 줄 가장 중요한 기술은 "어떻게 해야 늘 변화하면서 살 수 있을까?"라는 것이라며 강조합니다. 그는 "어떻게 해야 우리 아이들이 모른다는 사실을 직면하며 살게 할 수 있을 것인가?"에 대한 고민을 계속해야 한다고 계속적으로 강조하고 있습니다.

우리가 정한 목표는 시시때때로 그 위치와 방향을 바꾸곤 합니다. 그래서 과거에는 고정된 목표를 향한 질주였지만 현재는 수시로 달라지는 이동표적물을 향한 달리기로 바뀌었습니다.

그런데도 우리의 교육관과 교육 시스템은 고정된 목표물을 향한 탐욕스러운 경주만을 강조하고 있습니다. 현재처럼 네트워크화된 4차산업혁명의 환경에서는 어떠한 명문대 졸업장도 평생 직업과 평생 전문성을 담보해 줄 수 없습니다.

구글과 같은 글로벌 회사와 IT 기업에서 컴퓨터 개발자를 뽑을 때 더 이상 이력서를 받지 않습니다. 입사하고 싶은 사람은 "다음의 문제를 풀어 제출하라"는 형태로 모집을 합니다. 그 결과 글로벌 IT 회사 직원의 30%는 고졸이고 그 비율은 계속 늘어 가고 있습니다.

이제 대학은 더 이상 우리의 생존과 미래의 안정성 그리고 경쟁력을 담보하지 못하는 시대가 왔습니다. 우리가 대학 졸업장에 붙어 있는 과대한 포장과 장식을 제거하면 교육이 진짜로 수행해야 할 본질적인 역할을 알 수 있게 됩니다.

인터넷 세상으로 들어가면 서울대 강의보다 더 뛰어난 강의들이 무궁무진합니다. 하버드대학 강의부터 전 세계 유명 대학과 교수의 강의가 무한정 무료로 제공되고 있습니다.

프랑스의 에꼴42라는 교육 기관은 가르치는 사람이 없습니다. 다만 학생을 모아 놓고 문제를 제시할 뿐입니다. 그러면 그 학생들이 스스로 인터넷 강의를 찾아 듣고 서로 토론하며 문제를 해결해 나갑니다. 그곳을 졸업한 사람들을 글로벌 IT 기업에서 못 데리고 가 안달입니다.

이처럼 4차산업혁명의 시대에 필요한 것은 대학 졸업장이 아니라 문제를 스스로 찾아 해결할 수 있는 학습능력인 것입니다. 그리고 진정한 배움을 찾는 첫걸음은 스스로 모른다는 사실을 깨닫는 무지의 발견에서부터 시작해야 합니다.

스스로 모른다는 사실을 깨닫는 '무지의 발견'과 관련해서 공자는 "아는 것을 안다고 하고 모르는 것은 모른다고 하는 것이 아는 것이다."라고 하였으며 소크라테스는 "나는 내가 모른다는 것을 알고 있다는 점에서 현명한 사람이다."라고 하였습니다.

무지를 발견한 사람이 하는 공부의 시작은 대학을 입학하려는 정답 찾기 공부가 아니라 왜 공부해야 하는지 확실한 동기를 발견하는 것입니다.

왜냐하면 디지털 환경이 만든 새로운 지식생태계에서는 인생의 특정 시기에 받는 집중 교육을 통해 자격증을 얻는 대학시스템은 이제 그 가치를 잃어버릴 수밖에 없고 더 이상 경쟁력을 담보하지 않기 때문입니다. 그러기에 우리는 대학 졸업장을 받으려고 하기보다 상황에 대한 적응 능력을 키워야 합니다.

찰스 다윈은 《종의 기원》에서 적자생존을 강조하면서 "생존경쟁의 결과 살아남은 종은 가장 강한 종도 가장 지능이 뛰어난 종도 아니고 환경에 적응한 생물이다."라고 하였습니다.

사람은 하나님으로부터 가장 뛰어난 적응 능력을 부여받은 덕분에 생존경쟁에서 살아남아 지구의 지배자가 될 수 있었습니다.

그러나 우리의 적응 능력은 카멜레온처럼 겉모습을 바꾸는 1차원적인 방식이 아니라 새로운 환경을 인식하고 변화의 본질을 파악하는 학습 능력에서 나온다는 사실을 인지해야 합니다.

본질적 변화를 위한 학습은 인터넷에 무한대로 널려 있는, 세계 최고 대학 전문가들이 제공하는 무료 온라인 강의와 최고의 콘텐츠를 이용하면 됩니다. 유명한 대학 캠퍼스가 아닌 인터넷 공간이 무한한 교육자원이자 교육의 무대인 것입니다.

그렇기 때문에 지금은 좋은 가르침이 있는 좋은 대학을 찾는 것이 아니라 스스로 학습 동기를 키워 공개된 콘텐츠를 효율적으로 활용하는 것이 최고의 교육임을 깨우쳐야 할 시점입니다.

그리고 끊임없이 새로워지는 지식을 탐구하고 적응하는 능력이 인공지능이나 로봇과 다른 차원의 지적인 존재로서 인간이 추구해야 할 덕목과 경쟁력임을 인식해야 하는 시대가 되었습니다.

그러기에 우리의 무지를 인정하고 이 큰 변혁의 시대에 지나간 과거의 지식이 아니라 앞으로 다가올 시대를 분별하여 스스로 학습하는 능력과 상황에 대한 본질적 변화와 적응을 이루어 내는 우리 모두가 되어야 합니다.

　이것이 우리가 따라 해야 할 성공하는 리더의 두 번째 한 끗 차이의 생각입니다.

　성공하는 리더는 자신이 무엇을 모르는지 알고 계속해서 배워야 한다는 생각을 가진 사람입니다.

당신은 팔 때마다 매번 인생을 겁니까?

3

중국을 세계의 공장 또는 세계의 굴뚝이라고 불렀던 시대는 이미 오래전의 이야기입니다. 중국 경제의 주축이 오프라인에서 인터넷으로 옮겨간 지는 벌써 오래전입니다. 중국 경제의 표준은 이미 디지털 접속의 경제로 탈바꿈되어 있습니다.

이처럼 중국에서 인터넷 경제가 호황을 누리자 왕홍들의 영향력이 날로 커지고 있습니다. 왕홍을 간단히 설명하자면 1인 홈쇼핑 회사라고 보시면 됩니다. 어떤 홈쇼핑 회사에 소속된 쇼호스트가 아니라 사용해 본 제품을 인터넷을 통하여 판매를 하는 개인이라고 보면 됩니다.

현재 중국 소비시장에서 왕홍을 빼고는 설명하기 어려울 정도로 왕홍은 매출 측면에서뿐만이 아니라 인기도에 있어서도 연예인에 버금가는 영향력을 가지고 있습니다. 자신이 사용해 본 경험을 위주로 제품을 소개하며 기업과 소비자를 이어주는 매개체 역할을 하기 때문에 중국에서는 '왕홍경제'라는 용어까지 생겨날 정도입니다.

따라서 기업들도 유명 연예인을 모델로 기용해 홍보하는 것보다 왕홍 마케팅을 더 선호하는 추세입니다. 그러다 보니 중국에서 왕홍은 연예인이나 다름없는 존재라고 할 수 있습니다.

이들 중에 중국의 국민 여배우 판빙빙보다 수입이 두 배 반이나 많아 연일 화제가 되고 있는 된 장다이라는 왕홍이 있습니다.

장다이의 2019년 매출은 5천억 원입니다. 개인이 혼자 판매한 금액이 5천억 원이니 어떤 기업보다도 더 큰 경쟁력을 가지고 있는 사람입니다. 그렇게 경쟁력이 있다 보니 장다이가 소속되어 있는 회사가 순전히 그녀 때문에 2019년에 미국 나스닥에 상장이 되었습니다.

장다이가 2019년 한국에 초대되어 화장품 판매를 한 적이 있습니다. 그녀가 준비한 제품이 85만개였는데 이것을 단 43초 만에 완판하였습니다. 초당 2만개를 판매한 것이며 그녀가 인터넷에서 판매를 시작하자 동시접속 인원이 5백만명을 넘었습니다.

대형 백화점에 5백만명이 모이지도 못하지만, 모인다고 43초만에 85만개의 제품이 팔려 나가겠습니까? 이게 인터넷 경제의 힘이고 접속 경제의 잠재력이며 왕홍이라는 크리에이터의 파워인 것입니다.

한 인터뷰에서 기자가 장다이에게 어떻게 이런 일이 벌어질 수 있느냐고 질문을 하였습니다. 장다이가 일말의 망설임도 없이 대답합니다.
"저는 물건을 소개할 때마다 저의 인생을 겁니다!"

우리는 우리가 진행하는 사업에 인생을 걸고 있는지 반문해 봅니다. 우리가 계획한 일에 목숨을 걸고 인생을 거는지 살펴보아야 합니다. 어려운 상황만 탓하고 환경만을 탓하고 있지 않은지 살펴보아야 합니다

장다이처럼 이게 잘못되면 내 인생이 끝이라는 생각으로 해 나가야 합니다.

사실 홈쇼핑 회사의 어느 쇼호스트도 이렇게까지 안 합니다. 사장이 좋아할 만큼만 합니다. 그러니 그 사람들은 인생을 걸고 목숨을 거는 게 아니라 자기가 지킬 자리만을 걸고 있는 것뿐입니다.

근데 장다이는 매번 인생을 겁니다. 본인이 실제로 써 본 것 이외에는 절대 홍보하지 않습니다. 거짓말 한 번에 인생이 끝이 납니다.

인터넷으로 판매 도중 고객 중 한 명이라도 가격을 비교해 보니 다른 데 더 싼 곳이 있다고 대화창에 올리는 순간 85만개의 제품은 반품이 됩니다. 화장품 성분에 나쁜 것 하나라도 들어 있으면 85만개 모두 폐기해야 합니다. 이러니까 매번 인생을 걸 수밖에 없습니다.

우리도 장다이처럼 인생을 걸어야 합니다.

그래야 승리를 할 수 있습니다. 인생을 거는 자는 성공자가 아니라 승리자가 되는 것입니다. 성공은 열심히만 해도 이룰 수 있지만 승리는 인생을 걸고 목숨을 건 자만이 누릴 수 있는 특권입니다.

우리는 우리의 일에 목숨을 걸고 인생을 걸어야 합니다. 그래야 승리자가 됩니다.

우리 모두가 장다이처럼 완판녀가 되기를 소망합니다. 우리 사업과 사역에서도 완판을 이루기를 기대합니다. 거기에 인생을 걸고 목숨을 걸기를 소망합니다.

이것이 우리가 따라 해야 할 성공하는 리더의 세 번째 한 끗 차이의 생각입니다.

성공하는 리더는 자신이 무엇을 하든지 목숨을 걸고 인생을 건다는 생각을 가진 사람입니다.

자신의 모든 것 위에
영혼을 얹어 놓을 수 있는 사람이 프로입니다

4

프로와 포로는 문자적으로 보면 점 하나의 차이이지만 점 하나가 가져오는 차이는 어마어마합니다.

그렇다면 프로란 어떤 사람을 의미할까요?

먼저 프로는 절대 포로가 되지를 않습니다.
일의 포로가 되지 아니하고, 자기주장의 포로가 되지 않으며, 자기 연민의 포로가 되지 않습니다.

프로는 자유롭습니다.
자신의 실력을 바탕으로 최고의 기량과 최고의 영혼이 되기 위해 끊임없이 노력을 하는 사람을 의미합니다. 따라서 프로란 자신의 모든 것 위에 영혼을 얹어 놓을 수 있는 사람인 것입니다.

그러나 전문성만이 프로의 조건은 아닙니다. 최고의 전문가들이 모여서 만든 타이타닉호는 첫 항해에서 수많은 희생자를 내며 침몰했지만, 노아라는 아마추어가 만든 방주는 인류를 구원했습니다. 프로다운 전문성은 매우 중요하지만 교만하지 않는 영혼의 실림이 없다면 그 프로다움은 전혀 프로답지 않게 됩니다. 그것이 타이타닉과 노아의 방주의 차이입니다.

《막시무스의 지구에서 인간으로 유쾌하게 사는 법》이라는 책에서는 "중요한 것은 일에 들어간 당신의 혼이지 전문성이 아니다. 아마추어임을 부끄러워하지 마라. 정말 부끄러워해야 할 것은 전문가인 체하며 영혼이 없는 일을 하는 것이다."라고 주장하고 있습니다.

계절은 늘 바뀌기 마련입니다. 계절이 바뀌었다고 달라지는 것은 아니지만 계절이 바뀌면 하늘도 구름도 나무도 꽃들도 모두 달라 보입니다. 모두가 새로움을 입습니다. 자연은 매일이 언제나 다름의 연속입니다.

그런데 우리의 삶은 어떠한가요? 혹시 어제나 오늘이 다름을 입고 있지 않다면, 우리 인생의 느낌이 어제와 오늘이 별다르지 않다면 우리는 삶이라는 세월의 포로가 되어 있는 것은 아닌지 되돌아보아야 합니다.

애플의 스티브 잡스는 이런 말을 하였습니다.
"Creativity is just connecting things."

즉 "창의성이란 사물들을 그저 연결하는 것에 불과하다."라고요.
그러면서 그는 과거의 경험을 연결하면 새로움이 더해질 수 있다고
말한 적이 있습니다.

그는 대학 다닐 때 서예(캘리그래피)를 배운 경험을 활용하여 사업
초창기부터 매킨토시 컴퓨터에 글자의 폰트 개념을 정립하였고 그
덕분에 우리는 모두 문자별로 폰트를 사용하는 것이 당연한 것이 되
었습니다. 이처럼 당시에는 '아무 의미도 없고 그저 마음의 평안을
주는 것이겠지.'라고 생각했던 것에 불과한 과거 경험이 나중에 큰
반향을 일으키는 경우가 있습니다.

인생은 누구에게나 초보 운전입니다. 처음 가는 길이기에 실패와
실수가 존재하고 어떤 일은 의미 없어 보이기도 합니다.

특별하게 지금처럼 어려운 환경에 부닥치는 현실 경험은 정말 힘
들고 잊어버리고 싶은 것입니다. 하지만 나중에 그것이 우리에게 큰
반향을 줄 수 있다는 것을 기억하며 이를 통해 반 보라도 전진하면

됩니다. 또한 혹시 몇 발자국 퇴보한다 하더라도 그것이 영원한 실패가 아니라 그 점이 연결되어 훗날 우리의 새로운 인생을 만들어 줄 거라는 설렘과 희망을 가져보는 우리가 되었으면 좋겠습니다.

그래서 우리 모두가 삶에서 포로가 되지 않고 실수와 고난에도 다시 일어서는 프로의 자세를 가지면 좋겠습니다. 자연의 변화처럼 모든 변화를 즐기는 인생이 되었으면 합니다.

그런 진정한 프로는 성공과 실패의 경험을 모두 모아 연결하여 나다운 삶을 만들어 나가는 사람임을 깨닫고 우리 삶에 영혼과 열정을 실은 그런 하루하루가 되기를 소망합니다.

우리 스스로가 우리에게 부여한 혼신의 열정에 스스로 깜짝 놀라는 하루가 된다면 이 어려운 상황에서도 삶의 역동성은 우리를 늘 기쁘게 만들어 줄 것입니다.

이것이 우리가 따라 해야 할 성공하는 리더의 네 번째 한 끗 차이의 생각입니다.
성공하는 리더는 성공과 실패의 경험을 모두 모아 연결하여 나다운 삶을 만들어 나가며 그 삶에 영혼과 열정을 실어 나간다는 생각을 간직한 사람임을 기억하시기 바랍니다.

5

남의 사용 설명서가 아닌
나의 사용 설명서를 작성하십시오

도루를 못하는 1번 타자, 팔꿈치 수술로 공을 많이 던지면 안 되는 1루수, 한때 MVP에 오르기도 했지만 심한 부진으로 아무도 거들떠보지 않는 노장, 절대로 번트나 도루 사인을 내지 않는 감독, 고교 시절 대어급 선수로 거액을 받으며 지명을 받았으나 이내 그렇고 그런 선수로 전락하고 만 야구팀 단장으로 이루어진 야구팀이라면 어떤 팀이 떠오르시나요?

대충 삼류 팀 정도로 짐작을 하시겠지만, 1999년부터 2002년까지 4년 연속 미국 메이저 리그 포스트 시즌에 진출한 오클랜드 어슬레틱스의 선수와 감독의 프로필입니다.

《머니 볼》이라는 영화로 더 잘 알려지기도 한 이 팀은 재정상태가 따라주지 않자 아무도 주목하지 않는, 그러나 자신의 팀에게 꼭 필요한 저평가된 선수만으로 성공을 이룬 팀입니다.

모든 구단이 선수의 타율, 타점, 도루율 등을 주목할 때 이 팀은 도루가 득점에 미치는 영향이 거의 없고 오히려 장타율이 절대적 기여를 한다는 사실에 주목하였습니다.

그래서 도루나 번트 사인을 내지 않는 감독, 도루는 못하지만 진루율이 높은 1번 타자, 경기 중 공을 가장 덜 던져도 되는 1루에 팔꿈치 수술을 한 투수를 데려다 놓았습니다. 장타율에서 아직 뛰어난 퇴물 타자를 영입하고, 모두가 비웃는 가운데 시즌을 시작했지만 비웃음은 이내 경이로움으로 변하고 맙니다.

모두 만능의 스포츠맨을 주목하며 그런 사람은 안 된다고 할 때, 통념을 넘어 아직 남아있는 그 사람의 장점에 주목할 때 놀라운 일이 벌어지게 됨을 이 영화는 설명하고 있습니다.

멘토링을 요청해 온 한 청년이 있습니다. 핸드폰 스케줄러에 저장된 그의 스케줄은 어느 한 날 빈 곳 없이 빼곡하게 채워져 있었습니다. 회사 업무의 과도함도 있지만 누구보다 완벽하고 싶은 그의 성격 때문에 업무 외의 시간에도 업무의 완성을 높이고 상사로부터 칭찬을 받고 누구보다 빨리 진급하기 위해 애쓰느라 원룸으로 일을 들고 오기 일쑤입니다.

그것에서 끝나지 않습니다. 중국어 학원에 영어 스터디 모임, 독서토론, 매일 아침 헬스클럽에서 운동, 남들에게 뒤지지 않으려 코딩학원까지 다니고 외국으로 MBA 공부를 하러 유학 준비를 하는 등 주변 사람들은 똑똑한 그가 성실하고 부지런하며 빈틈마저 없다고 칭찬 일색이었습니다. 하지만 그는 정작 육체적 번아웃(Burnout, 소진, 고갈)을 넘어 정신까지 탈탈 털려 더 이상 버티지 못하게 되자 멘토링을 요청하게 된 것입니다.

우리 사회는 모두에게 만능을 요구하고 있습니다. 모두 다 슈퍼맨 신드롬에 빠져 있습니다. 일도 잘하고 가정에도 소홀함이 없는 사람을 찾아 나서고 있습니다. 현재도 잘 보내고 미래도 착실하게 준비하는 사람을 추켜세우기에 정신이 없습니다.

그런데 그런 사람이 얼마나 될까요?
우리는 그런 사람이 될 자신이 있나요?
내가 못하는 걸 타인을 통해 대리 만족을 하고 싶은 것은 아닐까요?
그런 사람이 우리 아들이고 우리 딸이길 바라는 것이고 그게 안 되면 며느리나 사위라도 그러길 바라는 욕심이 반영된 것은 아닌가요?

맹인에 청각 장애까지 가지고 있던 헬렌 켈러는 만능 슈퍼우먼이라 우리에게 감동과 교훈을 준 것일까요?

혜자가 장자에게 말을 합니다.

"임금께서 큰 박씨를 주길래 심어 박을 따 바가지를 만들었더니 너무 무거워서 들 수도 없고 너무 커서 우물에 넣고 물을 긷기도 어렵고 장독대에서 쓰려 해도 너무 커 불편하여 그만 부수어 버리고 말았다네. 크기만 하고 쓸모가 없는 것이 아니던가?"

크다고 좋은 것이 아님을 혜자는 나타내고 있습니다.

만능의 청년이 자신은 번아웃 될 정도로 노력하고 있지만 정작 스펙을 사용할 사람은 그것들이 크기만 하고 쓸모가 없어 부수어 버릴 수도 있습니다. 크고 좋은 스펙이 모든 사람에게 다 유용하게 사용되는 것은 아닙니다.

사람이든 물건이든 저마다 다 자신의 가치와 사용 방법이 다르게 존재합니다. 나만의 사용 설명서가 따로 존재하는데 다른 사람의 사용 설명서가 좋아 보인다고 나를 남의 사용 설명서대로 고치려 하니 인생은 고단하고 삶은 여유가 없고 이 나라는 축복의 땅이 아니라 헬 조선이 되고 만 것입니다.

나만의 숨은 가치를 찾아봅시다. 나만의 강점에 주목하시기 바랍니다. 남들이 모두 쓸모없다고 하여도 내 가치는 분명 쓰임을 받을 곳이 존재합니다.

너무 커서 사용을 못 하는 박은 장식용 배를 만들어 집 앞 연못에 띄워 놓으면 되고 작은 박은 우물물 긷기에 안성맞춤일 것입니다.

도루를 못하는 1번 타자도 새로운 가치관으로 바라보면 유능한 선수로 쓰임을 받습니다. 팔꿈치 수술로 공을 던지지 못하는 투수도 쓰임을 받을 수 있습니다.

중요한 것은 얼마나 완벽하고 얼마나 크고 얼마나 유능하냐가 아니라 어떤 가치관으로 그것을 바라볼 수 있느냐의 문제입니다.

우리 역시 잘난 것도, 뛰어난 것도 없이 누구 하나 알아주지 않는 패배자의 모습일지라도 남들이 주목하지 않는 우리만의 숨은 강점에 스스로 주목을 한다면 우리도 새로운 역사를 쓸 수 있습니다.

모두가 안 된다고 하는 나의 단점 때문에 기죽지 말고, 새로운 관점으로 숨어 있는 나의 강점을 개발할 때 승리자가 될 수 있음을 기억하는 우리 모두가 되기를 기대합니다.

이것이 우리가 따라 해야 할 성공하는 리더의 다섯 번째 한 끗 차이의 생각입니다.

성공하는 리더는 자신에게 존재하는 강점을 최대한 발휘할 자신의 사용 설명서대로 살아간다는 생각을 간직한 사람입니다.

6

우리의 삶 자체가
리허설입니다

세계적으로 이름난 빈 필하모니 오케스트라는 그 명성과 함께 상임 지휘자가 없기로도 유명합니다. 연주단원의 자존심이 강하기로 소문난 이 오케스트라는 연주 때마다 객원 지휘자를 초청해 연주를 하곤 하는데 객원 지휘자와 연주단원 사이의 기 싸움은 아주 대단하다고 합니다.

일본이 낳은 세계적인 지휘자 오자와 세이지가 지휘를 하기로 한 리허설 장소에서 벌어진 진풍경은 빈 필의 자존심을 잘 나타내는 에피소드로 남아 있습니다.

연주회 리허설 도중 오자와 세이지는 특정 부분이 맘에 안 들어 다시 연주를 시켰지만 반복되는 주문에도 불구하고 이들은 지휘자의 해석이 아닌 자신의 방식대로 연주를 고집한 것이지요. 마침내 지휘자는 악장과 무대 밖으로 나와 이야기를 나누었고, 이후 다시 연습하자 그제야 비로소 지휘자가 요구하는 연주를 하기 시작하였답니다.

그러나 정작 공연 당일이 되자 그 부분의 연주는 결국 자신들의 방식대로 연주해 그들의 콧대와 자존심을 지켜 나갔다는데 혹시 인종적 차별이 아니었는지 살짝 의심이 들기도 하지만 리허설이란 이렇듯 많은 오류와 모순 그리고 서로의 다름을 조정해 나가는 기회가 되곤 합니다.

우리는 흔히 우리의 삶을 비유할 때 한 편의 공연과도 같다는 표현을 쓰곤 합니다.

연극이나 영화 혹은 연주회 등과 같은 한 편의 감동적인 작품을 감상하고 나면 마치 한 인생을 본 것과 같은 느낌이 들기 때문입니다. 그리고 그런 멋진 인생이 되지 못함을 아쉬워하고 그들의 인생과 작품에 더 우리의 마음이 끌리게 되곤 합니다.

그런데 그런 공연이나 연극에 나타난 것이 정말 진정한 인생일까요?

우리는 인생에 리허설이 없다고 말하곤 합니다. 연습이 없는 인생이기에 바로 삶에 부딪혀야 하는 인생은 숱한 굴곡과 좌절 그리고 번민과 후회를 만들어 나가게 됩니다. 그러면서 드는 생각은 '우리 인생에도 리허설이 있다면' 하는 아쉬움일 것입니다.

그렇지만 잘 짜인 작품이나 영화 혹은 연극이나 드라마가 허구이며 그 작품을 준비하는 리허설 자체가 진정한 인생이 아닐까요?

연극의 리허설 장면을 생각해 보십시오. 모두가 엉성하고 부산하고 틀리고 싸우고 고함치며 팽팽한 신경전과 기 싸움이 대단합니다. 작품 전체의 완성을 위한 이 리허설은 사실 진짜 우리의 삶이나 마찬가지인 것입니다.

그러니 우리에게 삶의 리허설이 없는 것이 아니라 리허설이 진짜 우리 삶인 것입니다.

연주회장의 멋진 하모니는 인생이 아닙니다. 그건 허구입니다. 누구도 그런 인생을 살지 못합니다. 우리의 인생은 리허설 그 자체인 것입니다. 잘 짜인 드라마 속의 인생은 리허설을 통해 만들어진 것이지 절대 인생 자체가 되지 못합니다.

지금 누군가와 기 싸움을 하고 있습니까?

의도하지 않은 잘못된 길로 들어서 힘들어하고 있습니까?

사업도 안되고 주위 사람들과 불협화음만이 난무하고 계신가요?

자녀와 배우자와 갈등은 날로 더해만 가고 있나요?

이번 인생에서는 더 이상 어쩔 도리가 없다고 생각하십니까?

그렇다면 그 인생은 제대로 된 삶을 살고 있는 것일지도 모릅니다. 왜냐하면 우리의 삶이 리허설 자체이기 때문이니까요. 인생은 그 불협화음과 갈등을 통해 언제 완성될지 모르는 작품을 만들어 가는 과정일 뿐입니다.

너무 완벽하거나 아름다운 화음 속의 삶을 고집하지 않기를 소망합니다. 너무 아름답거나 완벽한 삶은 아마도 위장된 허구의 가식적 삶일지도 모르니까요. 겉으로 보기에 완벽해 보이는 가정도 그 속에 들어가 보면 우리가 알지 못하는 어려움이 있을 수 있습니다.

왜냐하면 그들도 지금 리허설 중에 있기 때문입니다

빌리 그레이엄 목사님의 부인 루스 그레이엄 사모님의 묘비에는 "The end of construction. Thank you for your Patience(공사 끝. 불편을 드려 죄송합니다)"라고 적혀 있습니다. 사모님의 묘비명을 통해 우리는 위대한 신앙의 선배도 예외 없이 리허설의 인생을 살았음을 알 수가 있습니다.

그러니 우리의 실패와 미숙함을 속상해하지 말고 그것이 인생이려니 하고 이 리허설의 인생을 즐겁게 즐기시기 바랍니다.

이것이 우리가 따라 해야 할 성공하는 리더의 여섯 번째 한 끗 차이의 생각입니다.

성공하는 리더는 삶이 리허설이고 그래서 엉성하지만 완성을 향해 나가는 것이 바로 인생이라는 생각을 간직한 사람입니다.

7

내면 세계의 질서가
가장 중요합니다

고든 맥도날드의 2003년 저서 《내면세계의 질서와 영적 성장》이라는 책에 소개된 에피소드가 있습니다.

미군의 핵 잠수함이 훈련을 위해 지중해를 지나가고 있었다고 합니다. 쉽게 예상할 수 있는 것처럼 잠수함 위로는 많은 배들이 지나다니고 있었고 잠수함은 충돌을 피하며 기동 훈련을 하느라 여러 차례 요동을 쳤습니다. 그러다가 한순간 급작스럽고도 심한 움직임이 일어나자 위기를 간파한 함장이 급히 조타실로 뛰어갔다고 합니다.

함장이 긴박한 목소리로 묻습니다.
"아무 이상 없나?"
조타실장이 대답합니다.

"네, 아무 이상 없습니다!"

함장은 한동안 조타실 안을 둘러보더니 "내가 보기에도 괜찮아 보이는군."이라고 말을 하고는 이내 조타실을 나가 버렸다고 합니다.

이 책에서 저자가 주장하고 싶었던 부분은 무엇일까요?

조타실 안에서 이루어진 함장과 장교의 대화가 바로 우리가 인식해야 할 우리 내적 세계의 단면을 잘 설명해 주고 있습니다. 잠수함 주위에 수많은 충돌의 위험이 도사리고 있다 할지라도 잠수함의 운명을 결정짓는 곳은 복잡한 외부 환경이 아니라 잠수함 내부에 있는 조용한 조타실이라는 것입니다.

그래서 함장도 긴급하게 조타실을 방문한 것이고요. 그러나 조타실 내부는 긴박하기는 하지만 당황의 빛을 조금도 보이지 않은 채고도로 숙련된 탑승원들에 의해 차분하고 재빠르게 통제되고 있었습니다. 그렇다면 아무리 바깥 상황이 위험해 보이더라도 잠수함의 안전은 보장되는 것입니다.

그런데 많은 사람들은 삶 가운데 복잡하고 어려운 상황이 가중될때 삶의 조타실로 가지 않고, 대신 외부 환경을 통제하려고 더 빨리뛰려 하거나 더 박력 있게 싸우고 혹은 더 많이 쌓으려고 아웅다웅한다는 것입니다.

그러나 우리가 안전을 확보하려면 그 어떤 어려움이라도 헤치고 나갈 수 있는 유일한 장소인 우리 내면을 돌아보아야 합니다.

호수라 하기에는 너무나 소박한 연못 같은 미국 보스턴 인근의 월든(Walden) 호숫가에서 자신의 사상을 정리했던 자연주의 철학자 헨리 소로는 그의 저서 《월든(Walden)》에서 다음과 같이 말하고 있습니다.

"사람으로 하여금 자신이 듣는 음악에 맞추어 걸어가도록 내버려 두라. 그가 남과 보조를 맞추기 위해서 자신의 봄을 여름으로 바꾸어야 한다는 말인가?"

우리에게는 우리에게 맞는 음악의 속도가 있습니다. 전 국민이 트로트에 열광한다고 나도 트로트를 좋아해야만 한다는 법은 없습니다. 내가 발라드를 좋아하면 발라드를 들으면 됩니다. 내가 모차르트를 좋아하면 모차르트를 들으면 되는 것이고요.

그런데도 많은 사람들은 자신의 음악 속도에 발을 맞추어 지내기보다 남이 좋아하거나 요구하는 음악 속도에 발맞추어 살려 애쓰다 자신의 템포를 놓치고 자신의 감각과 자신의 색깔을 잃어버리곤 합니다.

그렇게 살다 보면 봄에 씨를 뿌리는 시작을 도외시한 채 무덥고 습한 여름날 고된 노력을 퍼부으며 가을의 결실을 기대하는 어이없는 현상이 벌어질지도 모를 것입니다.

우리에게는 우리 자신의 음악이 있습니다. 그 음악이 나에게 최선으로 아름다운 음악이라면 굳이 다른 음악에 편승하여 내면의 평안함을 깨뜨리며 남처럼 살려고 애쓸 필요가 없을 거란 헨리 소로의 말은 백 번 들어도 옳은 말처럼 들립니다.

나의 음악이 모두에게 최고의 작품일 필요는 없습니다. 그저 나의 템포에 맞기만 하면 됩니다.

나의 색깔을 분명히 드러낼 수만 있다면 음악의 완성도도 중요하지 않고 템포는 더더욱 중요하지 않습니다. 중요한 것은 나의 음악에 발맞추어 지낼 때 가장 나의 내면이 평안함을 유지할 수 있다는 것입니다.

주변에 아무리 크고 많은 위험과 도전이 도사리고 있다 할지라도 조타실의 숙련된 조종사가 평안하면 그 잠수함은 안전한 것입니다. 시절이 악하고 세태가 혼란스러워도 우리의 삶을 조종하는 우리의 깊은 내면의 영혼이 평안하면 모든 염려는 그저 염려에 지나지 않는 것입니다.

우리가 우리의 내면의 평안함을 유지하지 못하고 주변의 요동에 흔들리고 그것에 일일이 대응하다 보면 환경에 휩쓸리고 충돌하여 부서지는 실수를 범할 수도 있습니다. 힘들고 어렵고 남들과 비교되기 쉬운 세상이지만 스스로를 격려하며 자신에게 주어진 길과 소명을 발견하여 자신의 음악에 맞추어 걸어가는 우리가 되었으면 좋겠습니다.

그리고 그 길을 가기 위해 하루 단 10분 만이라도 자신의 내면을 돌아보는 시간을 가지기 바랍니다. 우리의 내면이 평안하다면 다른 모든 위험한 환경적인 요소들은 위협이 아닌 허상인 것을 알게 될 것입니다. 우리 삶의 원동력이 우리의 영혼에서 나옴을 잊지 마시고, 우리 모두가 영혼을 늘 소생시키는 일상을 보내게 되기를 소망합니다.

이것이 우리가 따라 해야 할 성공하는 리더의 일곱 번째 한 끗 차이의 생각입니다.

성공하는 리더는 어떠한 외부적 소란이 있다 하더라도 자신의 내면을 바라보며 통제하면 평안을 얻을 수 있다는 생각을 간직한 사람입니다.

8

어둠 속에서 더 진한 향기를 내는 발칸의 장미

전 세계 커피 시장을 석권하며 승승장구하던 스타벅스는 전 세계적으로 매장을 늘려가고 매장에서 음료 이외의 식품과 음반 및 영화 DVD 등을 팔며 다양한 매출원을 확대해 나가는 등 거칠 것이 없어 보였습니다.

그러던 2007년 스타벅스는 갑작스러운 위기에 봉착합니다. 주가는 40% 이상 폭락하고 고객과 월가의 평판은 부정적으로 일관하였습니다.

창업자 하워드 슐츠는 내려놓았던 CEO직을 다시 수용하며 이사회를 소집합니다.

"잘 나가던 비틀즈가 쇠락하기 시작한 지점이 어디인지 아십니까?"

첫 이사회에서 하워드 슐츠가 던진 질문이었습니다.

"비틀즈의 쇠락은 아이러니하게도 1965년 뉴욕 공연 때부터입니다."
누가 들어보아도 타당하지 않아 보입니다.

1965년 비틀즈의 뉴욕 공연은 당시로는 상상도 못 할 5만 5천명의 관중이 모여들었고 라이브 공연 사상 최대의 인파를 동원하며 비틀즈의 성공을 전 세계에 각인시켰던 공연이었습니다.

그런데 하워드 슐츠는 그 공연이 비틀즈가 쇠락하게 된 시발점이라고 말한 것입니다. 하워드 슐츠가 말을 이어갑니다.
"비틀즈는 수많은 청중이 뿜어내는 열기와 함성으로 인해 자신들의 노래를 스스로 들을 수 없었고 그러다 보니 화음과 템포가 틀렸으며 자신들만의 노래를 하기 힘들어진 것입니다."

2007년 스타벅스의 상황도 1965년도의 비틀즈 상황과 다르지 않다고 선언한 것입니다. 승승장구하는 매출과 매장 수에 도취되어 진정한 자기의 정체성인 스타벅스만의 색깔을 놓치고 있는 것이라는 일갈이었습니다.

위기는 어려울 때 닥쳐오지 않습니다. 통상의 위기는 잘나갈 때 찾아옵니다. 우리를 무너트리는 것은 우리의 약점이 아닙니다. 우리의 강점이 우리를 교만하게 하고 그 교만이 우리 스스로를 돌아볼 기회를 박탈합니다.

향수 중에 가장 향기로운 원액은 유럽 남부의 발칸 산맥에서 피어나는 장미에서 추출된다고 합니다. 그런데 그 장미는 가장 어두운 자정에서 새벽 2시 사이에 딴다고 합니다. 그 이유는 그때가 가장 향기로운 향을 뿜어내기 때문입니다.

가장 어둡고 남이 알아보지 않는 그 추운 시간, 바로 그때 가장 아름다운 향기가 나옵니다.

모두가 어려운 시기라고 아우성입니다. 잘 되는 것이 하나도 없어 보입니다. 희망이 없어 보이고 절망이 우리를 압도하고 있습니다.

그런데 스타벅스의 하워드 슐츠는 말하고 있습니다.
1965년 뉴욕 스타디움에 5만 5천명이 모였던 그날이 몰락의 시발점이라고 말입니다.

그리고 발칸의 장미는 가장 어두울 때 가장 아름다운 향기를 내고 있습니다. 그렇다면 많이 어려운 지금이 우리에게 가장 아름다운 시기이며 우리의 진짜 위기는 어려운 지금이 아니라 우리가 가장 잘나가던 시절에 있었음을 되돌아볼 필요가 있습니다.

그리고 지금이 우리 인생의 가장 어두운 시기라면 지금 이 순간 우리 모두에게도 뿜어져 나오는 향기가 있을 것입니다. 그게 우리의 미래를 만들어 나갈 것입니다.

지내 놓고 보면 인생에 있어서 가장 잘 빚어진 향기가 나올 때는 발칸의 장미를 따는 밤과 같이 우리가 고난을 겪거나 인생에서 가장 어두운 터널을 지나는 순간이었다고 생각합니다.

한밤을 눈물로 지새워 본 사람만이 다른 사람의 고통을 이해할 수 있습니다. 남의 눈물을 차마 볼 수 없어 같이 울어줄 줄 아는 사람이 향기로운 사람입니다. 이 어둠을 이겨낸 사람이 향기를 낼 수 있습니다. 그 향기로 남을 위로하고 격려할 수 있습니다.

그냥 몸에서 나는 체취가 아니고 인격이랄까요. 인품 교양 등 우리를 규정하는 성품과 같은 것에서 향기가 나타날 것입니다. 그 사람의 색깔이라고 할 수도 있겠지요.

성공은 우리의 향기에서 나타납니다. 가장 아름다운 향기를 내는 사람이 성공합니다. 아직 발칸 장미의 향기를 맡아본 적이 없는데 한번 가 맡아보고 싶습니다. 그리고 지금처럼 가장 어두운 밤에 발칸의 장미와 함께 진한 사랑의 향기를 서로 나누어 갖고 싶습니다.

　이것이 우리가 따라 해야 할 성공하는 리더의 여덟 번째 한 끗 차이의 생각입니다.

　성공하는 리더는 가장 어두운 인생의 고난의 시기에 나오는 향기가 가장 아름다운 향기임을 알고 그것을 늘 생각하는 사람입니다.

9

숙성이 완료되면
샴페인의 뚜껑은 저절로 열립니다

한 TV 대담 프로그램에서 김훈 선생은 이순신 장군에 대한 글을 써야겠다는 꿈을 가진지 40년 만에《칼의 노래》를 집필하기 시작하였다고 회고하였습니다.

그는 그 40년 동안 자신이 부족하고, 준비가 안 되고, 여건이 안 되어 이순신 장군에 대한 책을 쓰지는 못하였지만 마음속 깊이 그 꿈을 곱씹으며 책을 쓸 날을 기다려 왔던 것입니다. 그리고 40년이 지난 그 어느 때인가, 시기가 이르자 그는 책을 써 내려가기 시작했습니다.

일단 책을 쓰기 시작하자 그 큰 대작을 단 2달 만에 완성하였다고 합니다. 그 두 달 동안 선생의 생니 7개가 통증을 느낄 틈도 없이 입안으로 툭툭 떨어져 빠지는 등 마치 애벌레가 허물을 벗고 나비가 되는 듯한 처절함과 인내와 고통의 순간을 겪었다고 합니다. 하지만 그는 위대한 대작 《칼의 노래》를 40년 더하기 두 달 만에 완성합니다.

아마도 선생의 그 두 달은 자신의 꿈을 현실로 탈바꿈하기 위한 겉모습의 고통의 시간에 불과하였을 것입니다. 그는 40년간 자기도 모르는 사이 그의 깊은 어딘가에서 자라고 있었을 고통스러운 삶의 경험과 좌절과 인내를 온전히 작품 속에 녹여 들여 완성시키고 있었을 것입니다.

아라비아 반도의 한 왕이 자신이 탈 명마를 구해오라고 신하에게 지시했습니다. 신하는 여러 지역까지 돌아다니며 명마로 소문난 말들을 모두 데려왔고 왕은 그 말들 중에서 몇 마리를 뽑았습니다. 선정된 말들은 모두 힘도 좋고 늠름한 외양을 지녀 왕이 타기에 손색이 없었습니다.

왕은 자신이 탈 말을 직접 뽑기 위해 한 가지 시험을 준비했습니다. 말들을 마구간에 넣은 뒤 하루 동안 식사와 물을 주지 않았습니다. 말들은 거의 탈진 상태에 이르렀습니다. 왕은 다음날 마구간에서 조금 떨어진 곳에 물과 먹이를 놓고 말들을 풀어주라고 명령했습니다. 말들은 마구간에서 나오자마자 물과 먹이를 향해 맹렬히 달려갔습니다.

그 순간 왕이 휘파람을 길게 불며 멈추라는 명령을 내렸습니다. 평상시에는 모두 왕의 명령에 복종하던 말들이었지만 대부분은 배가 고픈 나머지 왕의 명령을 무시하고 먹이를 향해 달려갔고 한 마리만이 그 자리에 멈춰 섰습니다.

왕은 매우 흡족해하며 신하에게 말했습니다.
"어려운 상황에서도 나의 명령을 먼저 듣는 저 말이야말로 나를 태울 자격이 있다. 저 말을 데려가 먹이와 물을 주고 왕의 말에 어울리는 대우를 해주어라."

결정적인 순간에 인내를 이룰 수 있는 말이 진정한 명마입니다. 평상시에 몰랐던 명마의 능력은 악조건에서만 알아볼 수 있습니다. 그리고 명마는 순간의 유혹을 이겨내는 인내를 통해 자신의 가치를 드러낼 수 있었습니다.

김훈 선생은 작품을 만들기 위해 40년의 인내를 견디어 내고 명작을 만들어 내었습니다. 선생이 그 긴 시간을 포기하지 않고 인내하며 꿈을 완성시켰다면 우리도 우리의 꿈을 이루지 못할 이유가 전혀 없습니다. 다만 우리의 꿈을 고통과 좌절과 인내라는 통 속에서 얼마나 오래 숙성시킬 수 있는가의 문제일 뿐입니다.

힘들고 어려운 시간을 지나고 계신가요? 앞에 놓인 달콤한 유혹이 있습니까? 혹시 늦은 나이에 새 출발을 준비해야 하는 전환점을 맞이하고 계시지는 않으신지요?

어떤 경우이든 다가오는 고통과 좌절과 유혹을 인내라는 통에 넣고 숙성을 기다리시기 바랍니다. 숙성이 완료되면 그 통은 끓어 오르는 샴페인의 가스 압력처럼 통을 터뜨리며 꿈을 세상에 펼치게 만들 것입니다. 우리가 숙성되기도 전에 인내의 뚜껑을 열어 버리지만 않는다면 말입니다.

꿈은 고통과 좌절을 경험하며 인내의 통에서 숙성이 되어야 이루어지는 것임을 깨닫는 우리 모두가 되기를 소망합니다.

이것이 우리가 따라 해야 할 성공하는 리더의 아홉 번째 한 끗 차이의 생각입니다.

성공하는 리더는 40년간 숙성하면 저절로 압력에 의해 샴페인이 터진다는 것을 알고 인내의 뚜껑을 꼭 닫고 기다리겠다고 다짐하며 생각하는 사람입니다.

10

굴욕을 참는 자가
최후의 승리자가 됩니다

중원의 요지 형주를 지키던 관우와 관평 부자는 조조와 손권의 연합 공격에 포로가 되고 변절을 요구하는 손권에게 끝까지 항거하다 형장으로 끌려가 참수를 당합니다. 이때가 건안 24년(서기 219년) 12월, 관우의 나이 60세였습니다.

관우가 허망하게 죽자 아우 장비는 그 분노를 다스리지 못하고 복수를 다짐하다 부하에게 죽임을 당하고 유비마저 두 아우의 복수를 위해 절치부심하다 세상을 떠나갑니다. 도원결의를 하였던 3명의 의형제는 삼국통일과 대의를 이루겠다는 대업을 완수하지 못하고 세상을 떠나갔습니다.

이제 촉의 운명은 제갈량의 두 어깨에 달려 있습니다. 북벌에 나선 제갈량이 오장원두에서 위나라와 일전을 앞에 두고 있습니다. 그때 갑자기 돌풍이 몰아치더니 촉의 군기가 부러지고, 제갈량은 그것을 자신의 운명이 다한 것으로 보고 시름시름 앓다가 세상을 떠납니다. 촉의 운명도 그것으로 끝이 납니다.

사마의는 삼방곡에서 제갈량의 화공을 받았습니다. 그 모진 화공은 그의 모든 군대와 식량을 삼켜버렸으며 사마의 군대의 전멸은 시간문제였습니다. 사마의의 죽음도 목전에 다가왔습니다. 그런데 하늘에서 갑자기 비가 내리기 시작합니다. 때가 우기가 아님에도 비가 내리기 시작한 것입니다. 사마의는 구사일생으로 살아났습니다. 사마의는 하늘마저 자신을 돕는다고 생각했습니다.

평생 조조와 그의 친족들에게 의심을 받고 무시를 받아 왔으며 죽은 제갈량에게도 미치지 못한다는 수모를 받아 온 사마의였습니다. 삼국지 저자나 독자 모두가 제갈량의 탁월함을 칭송할 때 사마의는 언제나 이류인생이었습니다.

그러나 유비, 조조, 손권 등 삼국지의 주인공 모두가 삼국통일을 완수하지 못 했지만, 만년 이류인생 사마의의 후손이 삼국 통일의 대업을 이루어 냅니다.

탁월함의 상징이었던 제갈량은 실패를 다룰 줄 몰랐고 한 국가의 운명을 군기가 부러지는 사소한 징조에 걸었습니다.

그러나 사마의는 실패에서 살아남는 법을 배웠습니다. 숱한 모함과 수모, 만년 이류인생의 설움 그리고 숱한 죽음의 고비에서도 잡초처럼 다시 일어나는 법을 알았고 그는 늘 하늘마저 자신을 돕는다고 굳게 믿고 있었습니다.

최후의 승리는 탁월함에 있지 않습니다. 최후의 승리는 굴욕을 참아낼 줄 아는 자에게 있습니다.

만년 이류인생의 사마의는 온갖 수모를 견디고 무수한 모함을 이겨낸 인내의 승리자였습니다. 그렇기에 우리가 제갈량처럼 탁월하지는 못해도 낙심하지 않을 수 있는 것입니다. 우리도 사마의처럼 수모를 견디고, 모함을 견디고, 인내하면 승리를 이룰 수 있기 때문입니다.

우리가 일류 대학을 나와 엘리트 코스를 걷는 사람처럼 탁월하지는 못해도, 주변의 모함에 쉽게 상처를 받고 만년 이류, 아니 삼류인생이라는 소리를 들어도 그것을 견디어 낼 수만 있다면 우리는 사마의처럼 삼국통일의 대업을 이룰 수 있습니다.

왜냐하면 최후의 승리는 탁월함에 있지 않고 수모와 모함을 견뎌

내는 자에게 있기 때문입니다.

　이것이 우리가 따라 해야 할 성공하는 리더의 열 번째 한 끗 차이의 생각입니다.

　성공하는 리더는 굴욕을 참을 줄 아는 사람이고 그것을 견뎌낼 수만 있다면 승리할 수 있다는 생각을 하는 사람입니다.

11

나는
반드시 이깁니다

키는 166cm에 평상시 체중은 66kg의 작고 왜소한 체구의 아시아 인 운동선수가 있습니다. 체구가 너무나 작아 취미로나마 운동하는 것조차 가능할까 하는 생각이 들 법한 사람이지만 그는 아시아에서 가장 인지도가 높은 운동선수 중의 한 명입니다.

그는 세계에서 가장 영향력 있는 100인에 선정되기도 한 인물이며, 복싱 역사상 최초로 8체급 석권이라는 금자탑을 쌓아 올린 아시아 복싱의 영웅 '매니 파퀴아오'입니다.

1978년 12월 17일, 필리핀의 민다나오 키바웨의 빈민가에서 태어난 파퀴아오의 집은 끼니를 때우지 못하는 날이 허다할 정도로 찢어지게 가난한 집이었습니다. 당시 필리핀은 내전 중이라 정부군과 반

란군이 파퀴아오의 집 근처에서 전투를 벌이고 병사들이 참수당하는 모습을 직접 보는 등 최악의 환경에서 자랄 수밖에 없었습니다.

홀어머니와 함께 어렵게 산 그는 먹고살기 위해 5살 때부터 일을 시작할 수밖에 없었습니다. 그는 지붕과 벽이 모두 코코넛 나무와 나뭇잎파리로 지어진 집에서 뛰쳐나와 어린 시절부터 물고기 그물을 당기는 일, 거리에서 담배와 도넛을 파는 일을 할 수밖에 없었습니다. 좀 더 커서 12살 무렵 도시에 나와 살면서 지나가는 자동차와 사람이 나오는 TV를 보고는 놀라 숨었을 정도로 문명과 먼 생활을 했던 그였습니다.

그러나 그에게 기회가 찾아왔습니다.

초등학교도 제대로 마치지 못한 채 삼촌에게 처음으로 복싱을 배워 동네 복싱 대회에 출전하게 된 것입니다. 그때부터 시작한 그의 복싱 인생은 일주일에 한 번은 싸울 정도로 거칠었습니다. 그가 무리하게 경기를 해야 했던 것도 가정 형편을 나아지게 만들기 위한 불가피한 선택이었습니다.

파퀴아오는 프로 등록을 위해 나이를 2살 더 올리고, 최소 체중을 맞추기 위해 옷 속에 무게를 늘릴 만한 것을 넣으며 프로 데뷔에 성공했습니다. 2년이 지난 16세 때 파퀴아오는 정식으로 프로 경기에 나섰고 작은 체격에도 천부적 재능과 노력으로 상대를 쓰러뜨리는 파퀴아오를 당해낼 자는 더 이상 필리핀에는 없었습니다.

체구가 너무나 작아 경량급에서 활동하던 그가 더 높은 체급으로 옮겨 도전하고자 할 때 그의 주변에 있는 사람들뿐만 아니라 전문가인 권투 종사자들 모두가 그의 한계를 예상했습니다.

그는 아시아인이기 때문에 3체급 이상 석권하는 것은 불가능할 것이다, 서양인들과 달리 신체의 한계가 있기에 망신만 당할 것이다 등 모두가 그의 성공 가능성을 희박하게 바라보고 있었습니다.

서양인에 비해 체구가 현저히 작고 왜소한 파퀴아오가 체급을 높이는 도전을 하자 모두가 웃었습니다. 아니 고개를 좌우로 저으며 도전하는 그의 정신은 멋있지만 너무 무모한 도전이라고 말하였습니다.

하지만 그는 그 모든 우려를 비웃기라도 하듯이 다른 체급의 챔피언 자리를 하나둘 석권해 나갔습니다. 키가 크지도 않았고 팔다리가 길지도 않은 작은 동양인인 그가 20kg이나 체중을 증가시켜 가며 8체급을 석권한 것은 정말로 기적에 가까운 일이었습니다.

서양인처럼 타고난 신체적 강인함도 없었고, 신체의 탄성도 부족하며, 유연성은 더더욱 부족하였습니다. 그러나 그는 훈련 등 후천적인 노력을 통해 아시아인이 가지고 있는 근육의 지구력을 최대한 끌어 올렸습니다. 그리고 일구어 낸 결과가 8체급 석권이라는 놀라운 성과입니다.

매니 파퀴아오는 말합니다.

"꼭 한번 이겨보고 싶은 선수가 있어야 하는데 그 선수가 어디에 있는지 도무지 보이질 않습니다. 그래서 나는 나 자신과 싸웁니다. 그러나 나와 싸우는 순간이 가장 힘이 드는 시간입니다. 하지만 나는 그 일을 게을리한 적이 한 번도 없습니다."

매니 파퀴아오처럼 매번 그렇게 자기 자신과 만나는 것은 매우 중요합니다. 그리고 자기 자신과의 싸움에서 이기는 것 또한 중요합니다. 하지만 더 중요한 것은 끊임없이 자기 자신을 바라보고 매번 자기 자신에게 싸움을 걸어 볼 수 있는 용기입니다.

자기 자신의 한계를 뛰어넘기 위해 매번 스스로 벽을 뛰어넘을 수 있는 용기가 필요합니다. 자기 자신을 뛰어넘기 위해 우리는 한순간도 훈련을 게을리하면 안 됩니다.

그러나 우리의 한계가 느껴지며 이 게임은 시도해 봐야 절대로 승산이 없다는 생각이 든다면 한번 이렇게 생각해 보시기 바랍니다.

'사실 나와의 싸움에서 나는 질 수 없다. 내가 져도 이긴 것 또한 나이니까!'

그러기에 진짜 패배자는 두려움 때문에 시도조차 하지 않는 사람입니다. 지금 당장 여러분 스스로에게 싸움을 거십시오. 챔피언은 오직 당신뿐입니다.

이것이 우리가 따라 해야 할 성공하는 리더의 열한 번째 한 끗 차이의 생각입니다.

성공하는 리더는 자신과의 싸움을 어떻게 하는지 아는 사람이고 그 싸움이 어떠하든 승리자는 결국 자신이라는 생각을 하는 사람입니다.

아무것도 의심하지 않는 늑대의 최후를 기억하십시오

12

늑대는 먹이 사슬 중에서 상위 포식자로 자리매김하고 있는 맹수 중의 하나입니다. 그러나 이런 늑대에게도 배고픔으로 굶주리는 기간이 있습니다. 늑대의 먹이가 되는 동물들이 먹이를 찾아 서식지를 떠나고 남은 짐승들도 추위를 피해 동면하는 시기에 이르면 먹잇감은 씨가 마르게 되기 마련이고 늑대들은 굶주림으로 인하여 더 이상 이성적인 생각을 하지 못하게 됩니다.

이때를 노린 에스키모인들은 그들만의 독특한 방식으로 늑대 사냥을 합니다. 에스키모인들은 날카로운 창에 짐승의 피를 덧발라 얼려 놓고 늑대들이 지나가는 길에 세워 둡니다.

그럼 배고플 대로 배고파진 늑대는 그 짐승의 피 냄새를 맡고 피

묻은 창을 찾아옵니다. 굶주린 늑대들은 창에 발린 피를 핥기 시작하고 달콤한 피 맛에 계속 창을 핥게 됩니다. 늑대는 자신의 혀가 창에 찢어져도 피 냄새에 정신이 팔려 자신의 혀 상태를 인지하지 못합니다. 찢어진 혀에서는 자신의 피가 계속해서 쏟아져 나옵니다. 하지만 늑대는 그 피가 자신의 피인지 알지 못합니다. 그리고 피 맛에 중독되어서 자신의 피를 핥다가 끝내 죽음에 직면하게 됩니다.

늑대가 죽은 이유는 아무런 의심 없이 피를 핥았기 때문입니다. 핥다 보면 어느 순간에 자신의 피를 먹고 있는데 자신의 피인 줄도 모른 채 달콤한 '핥음'이라는 행위의 타성에 젖어 비극적인 죽음을 맞이하는 것입니다.

우리는 어떤 행동을 할 때 처음에는 발전적으로 생각하고 창의적인 노력을 하려 애쓰지만 어느 순간 더 특별한 노력을 하지 않아도 일이 잘 돌아가고 있다는 것을 발견합니다.

그러나 그때가 위험한 때인 것입니다. 만약 우리가 지금 그런 상황이라면 의심을 해 보아야 합니다. 우리가 매너리즘에 빠진 것은 아닌지 말입니다.

매너리즘이란 항상 일정한 틀에 박힌 방식이나 태도를 취함으로써 신선미와 독창성을 잃어버린 것을 말합니다. 새롭게 시작한 일이라도 일정한 시간이 흐르다 보면 자신만의 방법을 터득하게 됩니다. 그리고 무의식적으로 그 익숙한 방식에 의존하게 되는 순간 매너리즘은 시작됩니다.

어떠한 일을 계속하는데도 발전이 없다는 측면에서 매너리즘은 슬럼프와 비슷합니다.

그러나 슬럼프와 달리 매너리즘이 무서운 것은, 매너리즘에 빠진 사람은 스스로가 그 사실을 전혀 인지하지 못한다는 데 있습니다. 슬럼프에 빠진 사람은 자신이 그것을 알고 슬럼프에서 벗어나고자 노력하지만 매너리즘에 빠진 사람은 마치 자신의 피를 핥는 늑대처럼 자신이 어떤 길을 가는지에 대한 의심조차 하지 않는다는 것입니다.

그래서 자기도 모르는 새 자기 자신을 정체시키고 있는 것입니다. 익숙함, 안일함, 편안함, 현상유지, 관성 등에 빠지는 이유는 익숙함이 주는 편안함 때문입니다.

매너리즘을 버리는 유일한 방법은 억지로라도 익숙한 방법을 버려보는 것입니다. 매너리즘이라는 병이 자신을 지배하도록 버려두지 마십시오. 새로운 방식이 무조건 옳은 것은 아니지만 검증된 과거에만 머문다면 발전도 없습니다.

경영학의 대가 톰 피터스는 다음과 같은 말을 하였습니다.

"위대함과 평범함의 차이는 자기 자신을 매일매일 재창조할 수 있는 상상력과 열망을 가졌는지 아닌지의 차이다."

코로나가 창궐하던 초기 우리는 그 수렁에서 빠져나오려고 무던 애를 썼습니다. 그러나 그 기간이 길어지자 우리 힘으로 어쩔 수 없다는 패배의식이 자리 잡고 있는 것 같습니다. 우리의 창조적 노력은 사라지고 패배가 일상인 매너리즘에 빠져 있는 것은 아닌지 돌아보아야 할 시점입니다.

아직 늦지 않았습니다.

아무런 의심 없이 달콤한 피 냄새를 풍기는 창을 찾아가는 것이 아니라 처음 그 마음으로 패배주의적 매너리즘을 벗어버리고 창조적 노력을 해야 할 때입니다.

위대함과 평범함의 차이는 자기 자신을 매일매일 재창조할 수 있는 상상력과 열망을 가졌는지 아닌지의 차이라는 말에 동의한다면 지금 우리가 할 일은 이 상황을 재창조할 상상력과 열망을 가지는 것입니다.

다시 일어서시기 바랍니다.

새 술을 새 부대에 담으라고 말씀하시는 예수님을 힘입어 매너리즘이라는 헌 옷 조각을 벗어버리고 카이네크티시스의 새로운 창조를 이루어 코로나를 누르고 당당하게 승리하는 우리 모두가 되기를 기도합니다.

이것이 우리가 따라 해야 할 성공하는 리더의 열두 번째 한 끗 차이의 생각입니다.

성공하는 리더는 타성에 빠지는 매너리즘을 경계하며 배고픈 늑대와 다르게 핥음이라는 현재에 만족하지 않겠다는 결단을 하는 사람입니다.

13

봄에 꽃이 피지 않는다고
실망할 필요는 없습니다

세상은 우리에게 꿈을 가지라고 말을 합니다.

여러분은 꿈이 있습니까?

7살 때부터 최고의 피겨 스케이터가 되기 위해 피나는 노력을 했던 김연아 선수는 결국 전 세계인이 사랑하는 피겨의 여왕이 되었습니다. 10살 때 평등한 세상을 만들겠다고 결심했던 소년 오바마는 미국의 최초의 흑인 대통령이 됩니다.

어린 시절부터 확고한 꿈을 발견하고 달려와 꿈을 이룬 사람들을 보면서 우리는 그들을 존경하고 그들을 부러워합니다. 동시에 자신의 꿈을 알고 그 꿈에 합당한 목표를 설정하고 그 목표 지점을 향해 달려가는 사람들을 보면서 우리는 조급해집니다.

나는 지금 무엇을 하고 있는 거지?

이미 꿈을 이루고 정상에 도달하여 많은 사람으로부터 사랑을 받는 그 사람들을 보며 우리 스스로가 위축되고 지금 우리가 잘하고 있는 것인지 의심스러워지는 경우가 많이 있습니다.

"너는 앞으로 뭐가 되고 싶어? 지금 세우고 있는 목표가 무엇이니? 네 목표를 생각만 하지 말고 종이에 적어봐! 그래야 그 꿈이 성취된단다!"

아침마다 '까톡'거리며 잠을 깨우는 단톡방에 온갖 모양으로 장식을 하고 올라오는 '성공의 법칙'이라고 이름 붙여진 글들이 우리를 더더욱 왜소하게 만들고 있습니다.

요즘은 꿈에 대해 물어보고 대답하는 것이 통과의례처럼 되었습니다. 이제 우리 사회에서 꿈이 없는 사람들은 열정이 없는 사람이라는 등식마저 생겨버린 것 같습니다.

"꿈이 없다고? 넌 의지가 없어서 꿈이 없는 거야! 너는 미래나 장래에 뭐가 되고 싶은지에 대해 생각은 하고 있는 거니?"

그래서 꿈이 없다는 것은 부끄러운 일이 되었고 꿈이 없다는 이유로 우리는 위축되고 있습니다. 아니 사회가 우리를 그렇게 만들고 몰아가고 있습니다.

그러나 모든 사람이 구체적인 꿈과 목표를 가지고 살아가는 것일까요? 꿈과 목표가 어릴 때부터 명확하지 않은 사람은 성공하지 못하는 것일까요?

사실 꿈이 무엇인지, 자신이 진정 좋아하는 것이 무엇인지 모르는 사람은 우리 주변에 너무나 많이 있습니다. 이들은 모두 낙오자일까요?

우리와 마찬가지로 자신의 꿈이 무엇인지 자기가 하고 싶은 것이 무엇인지 모르던 청년이 있었습니다. 모든 면에서 뛰어난 형에게 이유 없이 열등감을 느끼며 자랐고 심지어 대학에서는 성적 부진으로 퇴학까지 당했습니다. 퇴학 후에도 일정한 직업이나 일관된 방향이 없는 채로 호텔 보조 주방장에서부터 농부와 오븐 방문판매원 등으로 일하며 살아왔습니다.

그러다가 오븐 세일즈 가이드북을 광고하기 위해 광고라는 것을 접하게 된 후 이 39세 청년의 인생이 바뀌기 시작합니다. 모두가 늦었다고 하는 나이에 광고를 접한 그는 그때부터 정신없이 달려가며 현대 광고의 새로운 역사를 써내려 갑니다.

그가 바로 현대 광고의 아버지 데이비드 오길비(David Ogilvy)입니다.

명확한 꿈도 없었고 구체적인 목표도 없었지만 순간순간 자신에게 찾아온 기회를 성실히 즐겼던 오길비는 그의 인생 여정 가운데 파편처럼 흩어진 기회들을 모아 마침내 자신의 꿈을 찾았던 것입니다.

일찍 자신의 꿈을 알고 달려가는 것은 좋습니다. 그러나 일찍 꿈을 찾아야만 성공하는 것은 아닙니다. 마찬가지로 꿈이 없다는 것은 열정이 없다는 것과는 전혀 다른 이야기입니다. 그들은 다만 어디에다가 열정을 쏟아야 할지 아직 찾지 못한 것일 수 있기 때문입니다.

꿈을 가지지 말라는 이야기는 아닙니다. 하지만 아직 꿈을 찾지 못하였고 당장 보여줄 꿈이 없다고 주눅 들 필요는 없습니다. 왜냐하면 꿈을 찾는 시기와 방법은 사람마다 모두 다르기 때문입니다.

봄이 왔다고 모두 꽃을 피우는데 나의 꽃은 왜 피지를 않는지 힘들어하고 안타까워하지만 모든 꽃이 지고 시들어질 무렵 시집간 누이처럼 꽃을 피워 고고함을 나타내는 국화도 있음을 기억해야 합니다.

모든 꽃이 피는 시기가 따로 있듯이 우리 인생의 꿈이 피는 시기도 모두 다르다는 것을 알아야 합니다. 스스로 예상하지 못한 우연한 곳에서 우리의 꿈을 발견하고 꽃을 피울 수 있다는 사실을 잊지 마시기 바랍니다.

"대부분의 사람들은 성공한 사람들에게는 분명한 목표가 있을 거라고 믿는다. 하지만 나는 아니라고 본다. 그들에겐 목표가 없고 다만 최선만 있다고 본다." 히딩크 감독이 한 말입니다.

이것이 우리가 따라 해야 할 성공하는 리더의 열세 번째 한 끗 차이의 생각입니다.
성공하는 리더는 자신의 꽃 피는 시기가 남들과 다름을 인식하고 기다리며 꿈을 발견하려고 생각하는 사람입니다.

성공은 채워 넣기가 아닌 벗겨 내기입니다

14

르네상스를 대표하는 화가이자 조각가인 미켈란젤로는 1501년 8월 피렌체 대성당의 주교로부터 조각을 의뢰 받습니다. 이 대성당의 지하에는 50여 년 전에 예언자 상을 제작하려고 준비해 두었던 5m가 넘는 거대한 대리석이 그대로 방치되어 있었는데 이를 이용해 조각을 해 달라는 것이었습니다.

사실 이 조각상을 의뢰 받은 사람은 미켈란젤로가 처음이 아니었습니다.

그러나 조각 부탁을 받은 다른 많은 조각가들이 이 거대한 대리석의 결이 좋지 않아 원하는 작품이 나오지 않을 것을 염려하여 모두거절을 하자 당시 26세였던 미켈란젤로에게 조각 의뢰가 오게 된 것입니다.

다른 명망 높은 조각가들이 제작을 포기한 이 거대한 돌을 보자 미켈란젤로는 다음과 같은 유명한 말을 하였습니다.

"이 대리석 안에 천사가 있다. 나는 그를 자유롭게 해주고 싶다."

미켈란젤로는 다른 조각가들과 다르게 결이 나쁜 대리석이 아니라 대리석이 품고 있는 천사를 보았던 것입니다.

그리고 3년 후 그는 5.49m의 거대한 다비드상을 완성하였습니다. 이전에 제작된 다비드상들은 보통 골리앗의 머리를 발밑에 두고 손에 칼을 쥔 승리한 젊은이의 모습이었지만 미켈란젤로의 다비드상은 막 돌을 던지려고 하는 나체의 청년상입니다.

몸 전체의 근육이 단단하게 긴장되어 있고, 노기 띤 얼굴은 골리앗을 향하고, 왼손은 돌팔매를 잡기 위해 올려져 있으며, 왼발도 다음 행동에 대비하는 움직임을 나타내는 역동적이면서도 아름다운 모습을 표현하고 있습니다. 그렇게 미켈란젤로는 남들이 포기한 대리석을 통해 최고의 조각상을 만들어 낸 것입니다.

성공이란 무엇일까요?

미켈란젤로에 의하면 성공은 필요한 무엇을 채우는 것이 아니라 불필요한 무언가를 제거하여 원형의 모습을 되찾게 해 주는 것입니다. 우리는 성공을 위해서는 무언가 많이 채워야 한다고 믿고 있었지만 사실 우리는 너무 우리를 포장하기에 바빠 우리의 원형을 나타내지 못하고 있습니다.

우리 모두에게는 질그릇에 싸인 보석이 있다고 합니다. 그것을 벗겨 내야 보석이 빛이 나는데 우리는 보석을 둘러싼 질그릇이 밉다고 거짓과 위선 그리고 교만함과 자만심 등으로 질그릇을 덧입혀 점점 더 보석은 빛을 잃어가고 있는 것입니다.

미켈란젤로처럼 우리는 우리 안에 있는 천사의 모습을 드러내기 위해 불필요한 것을 제거해야 합니다. 자꾸 무언가를 덧칠하거나 덧입히는 어리석음을 되돌아보는 우리가 되었으면 좋겠습니다.

어쩌면 인생이란 조각과 같을지도 모릅니다. 벗겨 내고 깎고 다듬다 보면 아름다워지는 것이 아닌가 합니다. 모난 곳, 아름답지 못한 곳, 삐뚤어진 곳, 미운 곳을 벗겨 내기를 지금이라도 시작한다면 언젠가는 천사와 같은 본연의 아름다움을 찾을 것이라 확신합니다.

여기 미켈란젤로가 한 이야기를 추가적으로 더 나누어 봅니다.

첫 번째 명언, "대부분 사람들에게 가장 위험한 일은 목표를 너무 높게 잡고 거기에 이르지 못하는 것이 아니라 목표를 너무 낮게 잡고 거기에 도달하는 것이다."

미켈란젤로가 조각의 천재가 될 수 있었던 건 단순히 천재였기 때문일까요?

그가 거장의 자리에 올려갈 수 있었던 건 무엇보다도 미켈란젤로의 자긍심과 열정 그리고 그 열정을 자극하는 승부욕 때문이었습니다.

미켈란젤로의 승부욕을 보여주는 일화가 있습니다.

미켈란젤로는 그림을 전문적으로 배우지 못했는데 당시 그와 라이벌이었던 브라만테가 그를 골탕 먹이려고 교황에게 미켈란젤로를 성당 천장화를 그리는 작업자로 추천했습니다.

그 당시 미켈란젤로는 화가보다는 조각가에 가까웠습니다. '비웃음이나 당해라!' 하고 수렁으로 밀어 넣었는데 탄생한 작품이 바로 그 유명한 천지창조입니다. 위기를 기회로 바꾼 것은 다름 아닌 높은 목표에 대한 승부욕이었던 것입니다.

두 번째 명언, "사람들은 나의 뛰어난 솜씨에 놀란다. 하지만 이런 솜씨를 익히기 위해서 내가 얼마나 열심히 노력했는지 알게 된다면 더 이상 놀라지 않을 것이다."

미켈란젤로의 뛰어난 작품들의 특성 중의 하나는 보이지 않는 이면에 남다른 그의 노력이 담겨 있다는 것입니다.

세 번째 명언, "신념은 그 자신에게 이르는 최고이자 가장 안전한 길이다."

신념을 가지고 있고 자신의 철학적 중심이 곧게 서 있으면 어디에도 흔들리지 않고 자신이 원하는 것을 할 수 있습니다. 그는 재능도 있었지만 그가 성공하게 된 것은 삶에 대한 가치관이 분명하게 서 있었기 때문입니다.

네 번째 명언, "나는 대리석에서 천사를 보았고 내가 그를 자유롭게 할 때까지 조각했다."

미켈란젤로의 '피에타'라는 작품을 아십니까? '피에타'는 예수의 어머니 마리아가 아들 예수를 안고 있는 작품입니다. 미켈란젤로 이외에도 많은 예술가가 피에타를 조각했지만 미켈란젤로의 작품이 가장 두드러지고 마치 살아있는 것 같은 이유는 무엇일까요?

그는 조각을 할 때 그 안에서 작품의 생동감을 보았고 그것을 표현하기 위해 애정을 가지고 노력을 기울였습니다. 미켈란젤로가 '최후의 심판'을 그린 기간은 무려 8년이나 됩니다. 작품 속의 주인공이 자유를 찾을 때까지 심혈을 기울인 결과로 걸작이 탄생한 것입니다.

다섯 번째 명언, "작은 일이 완벽함을 만든다. 그리고 완벽함은 결코 작은 일이 아니다."

한 분야의 전문가가 되려면 완벽해야 합니다. 미켈란젤로는 삶에서 이전 작품보다 다음 작품을 더 완성도 있게 만들기 위해 늘 자신과 싸웠습니다. 그 싸움 끝에 탄생한 것이 그의 완벽함입니다. 사소한 것 하나도 쉽게 다루지 않는 그의 성품이 만들어 낸 것이 미켈란젤로의 프로패셔널리즘이고 그의 작품인 것입니다.

이것이 우리가 따라 해야 할 성공하는 리더의 열네 번째 한 끗 차이의 생각입니다.
성공하는 리더는 성공은 채우기가 아닌 벗겨 내기라는 것을 분명히 인식하며 아름다움을 찾아낼 생각을 하는 사람입니다

성공하는 리더의 비밀
생각과 태도의 한 끗 차이

초판 1쇄 인쇄 2021년 06월 15일
초판 1쇄 발행 2021년 06월 24일
지은이 김형철

펴낸이 김양수
책임편집 이정은
편집디자인 권수정
교정교열 이봄이

펴낸곳 도서출판 맑은샘
출판등록 제2012-000035
주소 경기도 고양시 일산서구 중앙로 1456(주엽동) 서현프라자 604호
전화 031) 906-5006
팩스 031) 906-5079
홈페이지 www.booksam.kr
블로그 http://blog.naver.com/okbook1234
포스트 http://naver.me/GOjsbqes
이메일 okbook1234@naver.com

ISBN 979-11-5778-494-3 (03190)